• DIE SPRACHZEITUNG •

THEMENHEFT

Chanson, rap & Co

De Piaf à Pomme | Niveau B1–B2

Bettina Fischer, Sonia Nowoselsky, Sylvain Pousset
und Laure Wallois

CARL ED. SCHÜNEMANN KG

Liebe Lehrende, liebe Lernende,

wir freuen uns, dass Sie sich entschieden haben, mit diesem Themenheft zu arbeiten. Die Chansons, die jeweils nach den Künstlerporträts in den Übungseinheiten behandelt werden, können Sie problemlos auf Musik-Streamingdiensten anhören oder auch auf *YouTube* anschauen. Im Anhang des Heftes sind die Texte aller behandelten Lieder vollständig abgedruckt.

Viel Spaß und Erfolg mit *Chanson, rap & Co* wünscht

Ihre Französisch-Redaktion

Chanter l'amour

| PHOTO: Getty Images

| PHOTO: Getty Images

Édith Piaf

« À quoi ça sert l'amour ? »

(1962)

Pomme

« Grandiose »

(2019)

Édith Piaf – une vie comme un roman

Édith Piaf *(1915 – 1963)*. | PHOTO: *Getty Images*

En 2007 *sortait en salle* « La Môme », film du *cinéaste* Olivier Dahan retraçant la vie d'Édith Piaf. À cette occasion, la Revue de la Presse revenait sur le destin romanesque de la grande chanteuse.

1 1,47 m, une petite robe noire, un front immense, des mains qui *ont l'air de prier*, et une voix à *bouleverser* les *cœurs* les plus *secs*… Édith Piaf n'a pas fini de nous fasciner. Sa biographie, qui se lit comme un roman, a inspiré plus d'un cinéaste. Mais pas facile de *s'attaquer à* un tel monument national. Avec « La Môme » pourtant, Olivier Dahan a *gagné son pari*. En choisissant l'actrice Marion Cotillard pour le rôle de Piaf, il a réussi à faire revivre la chanteuse et l'icône, la grande amoureuse et la morphinomane. Le film ne suit pas la chronologie : les différentes époques de la vie de l'artiste, de l'enfance aux *derniers instants*, se mélangent, rythmées par les chansons et les apparitions sur scène, à Paris ou New York. *Le fil conducteur* est la voix de Piaf. Et le *rideau* rouge, qui se lèvera pour elle à partir de 1935.

2 C'est cette année-là qu'un certain Louis Leplée la remarque, chantant au coin d'une rue de Paris, et l'invite à se produire dans le cabaret qu'il dirige près des Champs-Élysées. Elle n'a pas vingt ans, elle vient de perdre son enfant de trois ans. Elle est pauvre, s'habille mal, a de mauvaises manières. Elle est triste et drôle, tragique et joyeuse, *insolente* et tyrannique, *croyante* et *superstitieuse*. Elle a un tempérament de joueuse, qui *risque gros*, qui risque tout, corps et *âme*. Et cette peur d'être seule dont rien ni personne ne pourra la *délivrer*. Si elle n'a pas encore de culture, elle rencontre très vite les gens qui *comptent* pour sa carrière : ceux qui vont lui apprendre le métier d'interprète, et l'aider à *se mettre en scène* pour créer son inoubliable silhouette. Elle sait s'entourer des meilleurs auteurs-*compositeurs*. Bientôt, elle sera l'amie de *Jean Cocteau*. « Madame Édith Piaf a du génie », dira celui-ci en 1958.

3 Édith Piaf, qui a écrit deux autobiographies, aimait raconter des histoires, et a largement *contribué à* construire sa légende. De même qu'il n'y avait pas pour elle de séparation entre la vie et l'art, la frontière entre fiction et réalité reste parfois *floue*. La « môme » avait une tendance naturelle à l'*exagération*. *Peu importe*. Le 19 décembre 1915, elle naît à Belleville, quartier populaire. Sa mère est chanteuse de rue, son père acrobate. Elle grandira chez la grand-mère maternelle, puis paternelle, qui *tient une maison close* en Normandie. À trois ans, elle devient presque *aveugle*, mais *guérit*. Plus tard, elle accompagne son père dans des *cirques ambulants*, et dans les rues où elle chante pour *récolter* quelques sous. La misère lui *colle à la peau*, quand un beau jour de 1935 la chance croise son chemin sous *les traits* de Louis Leplée.

4 Le film d'Olivier Dahan montre les débuts de Piaf au *music-hall*, le temps de la *conquête* de l'Amérique et de la gloire, sans *passer sous silence* celui de la maladie et des *cures de désintoxication*. Au centre de ce *destin hors du commun*: le grand amour pour le boxeur Marcel Cerdan, qui se tuera en 1949 dans un accident d'avion. *En revanche*, certaines facettes du phénomène Piaf ne *figurent* pas dans « La Môme » : la découvreuse de talents comme Charles Aznavour, Yves Montand et Georges Moustaki, ou la femme fatale aux aventures multiples. *Quant à la période 1939 – 1945*, elle n'est pas *évoquée*. Et on ne voit pas non plus Théo Sarapo, jeune homme qu'elle *épouse* en 1962.

5 Femme et artiste de tous les excès, Édith Piaf meurt le 10 octobre 1963, près de *Grasse*. « Non, je ne regrette rien », cette chanson écrite pour elle en 1960, elle l'interprétera lors de ses derniers passages à *l'Olympia* devant un public *ému jusqu'aux larmes*. Plus de quarante ans après sa mort, incarnée par la *saisissante* Marion Cotillard, elle continue de nous toucher. Et ce sont les jeunes qui pourraient bien découvrir la chanteuse grâce à « La Môme ».

Sonia Nowoselsky
Avril 2007 © Revue de la Presse

i *Musée Édith Piaf, rue Crespin du Gast, Paris (11e)*

Légendes « **LA MÔME** » dt.: „La vie en rose", **môme** (f.) (fam.) Göre – **incarner** verkörpern
0–1 **sortir en salle** in die Kinos kommen – **cinéaste** (m./f.) Filmemacher/in – **avoir l'air de faire qc** so aussehen, als würde man etw. tun – **prier** beten – **bouleverser** h.: aufwühlen – **un coeur sec** ein hartes Herz – **s'attaquer à qc** h.: s. an e-e S. heranwagen – **gagner un pari** e-e Wette gewinnen – **les derniers instants** (m. pl.) die letzten Augenblicke (des Lebens) – **le fil conducteur** der rote Faden – **rideau** (m.) Vorhang
2–3 **insolent** frech – **croyant** gläubig – **superstitieux, -ieuse** abergläubisch – **risquer gros** viel riskieren – **âme** (f.) Seele – **délivrer qn de qc** jdn. von e-r S. befreien – **compter** wichtig sein – **se mettre en scène** s. in Szene setzen – **compositeur/-trice** Komponist/in – **Jean Cocteau** frz. Schriftsteller und Filmemacher (1889 – 1963) – **contribuer à faire qc** dazu beitragen, etw. zu tun – **flou** verschwommen – **exagération** (f.) Übertreibung – **peu importe** egal – **tenir** h.: betreiben – **une maison close** ein Bordell – **aveugle** blind – **guérir** wieder gesund werden – **le cirque ambulant** der Wanderzirkus – **récolter** ernten, h.: sammeln – **coller à la peau** (fig.) (jdm.) anhaften – **les traits** (m. pl.) h.: die Gesichtszüge
4–5 **music-hall** (m.) Varieté(theater) – **conquête** (f.) Eroberung (des amerikanischen Publikums) – **passer qc sous silence** etw. verschweigen – **la cure de désintoxication** die Entziehungskur – **destin** (m.) Schicksal – **hors du commun** außergewöhnlich – **en revanche** hingegen – **figurer** vorkommen – **quant à…** was … betrifft – **la période 1939 – 1945** (nach dem Krieg warf man ihr vor, in Deutschland gesungen zu haben) – **évoquer** erwähnen – **épouser** heiraten – **Grasse** Stadt im Departement Alpes-Maritimes (Südfrankreich) – **l'Olympia** berühmtes Pariser Varietétheater – **être ému jusqu'aux larmes** zu Tränen gerührt sein – **saisissant** erstaunlich

Dans le film *« La Môme » (2007), l'actrice Marion Cotillard incarne avec talent l'icône de la chanson française.* | PHOTO: *Picture Alliance*

BIO EXPRESS

1915	Naissance à Paris d'Édith Giovanna Gassion
1935	Elle rencontre Louis Leplée et chante dans son cabaret sous le nom de « La *môme Piaf* »
1936	Sortie de son premier disque et tournage de son premier film
1937	Début à l'ABC, célèbre *music-hall* parisien
1944	Rencontre de Yves Montand
1945	Elle écrit la chanson « La vie en rose »
1947	Tournée à New York, où elle rencontre le champion de boxe Marcel Cerdan
1949	Mort de Cerdan dans un accident d'avion ; début des crises de *rhumatismes*
1953	Première *cure de désintoxication*
1957	Triomphe au Carnegie Hall de New York
1958	Rencontre de Georges Moustaki, qui a écrit le fameux « Milord »
1962	Mariage avec le chanteur Théo Sarapo
1963	Elle meurt le 10 octobre, près de *Grasse*

MÔME (f.) (fam.) Göre – **piaf** (m.) (fam.) Spatz – **music-hall** (m.) Varietétheater – **rhumatisme** (m.) Rheuma – **la cure de désintoxication** die Entziehungskur – **Grasse** Stadt im Departement Alpes-Maritimes (Südfrankreich)

Avant l'écoute

« À quoi ça sert l'amour ? » (1962)

1. **Lisez l'article « Édith Piaf – une vie comme un roman ». Expliquez pourquoi la vie de la chanteuse est comparable à « un roman ». (100–150 mots)**

2. **Notez le contraire des mots et expressions suivants. Parfois, plusieurs réponses sont possibles.**

a) l'amour ≠ ____________________

b) le bien-être ≠ ____________________

c) la satisfaction ≠ ____________________

d) le bonheur ≠ ____________________

e) la beauté ≠ ____________________

f) faire plaisir à qn ≠ ____________________

g) aimer ≠ ____________________

h) la joie ≠ ____________________

i) la confiance ≠ ____________________

j) triste ≠ ____________________

k) rire ≠ ____________________

l) l'insouciance ≠ ____________________

3. **Regardez la sculpture ci-dessous et décrivez-la. Que vous inspire-t-elle ?**

L'une des sculptures *de la fontaine Stravinsky, près du Centre Pompidou à Paris.* | PHOTO : *Picture Alliance*

____

____

____

____

____

____

Pendant l'écoute

4. **Écoutez la chanson « À quoi ça sert l'amour ? » une première fois en entier et faites part de vos impressions. Cochez ou notez.**

a) La mélodie est… ◯ simple ◯ complexe ◯ entraînante ◯ répétitive

Autre proposition : ______________________________

b) Le rythme est… ◯ monotone ◯ régulier ◯ lent ◯ rapide

Autre proposition : ______________________________

c) La voix de la chanteuse est… ◯ grave ◯ aiguë ◯ douce ◯ expressive

Autre proposition : ______________________________

d) L'atmosphère est… ◯ gaie ◯ positive ◯ sereine ◯ calme ◯ mélancolique

Autre proposition : ______________________________

5. Cette chanson est structurée à la manière d'un dialogue entre Édith Piaf et son partenaire Théo Sarapo.

a) Réécoutez la chanson du 1er au 4e couplet (jusqu'à 1'34") puis complétez le dialogue entre les deux chanteurs.

Théo Sarapo	Édith Piaf
1er couplet	
À quoi ça sert l' ______________________ *?*	*L'amour ne* ______________________ *!*
On raconte toujours	*C'est une chose* ______________________ *!*
Des histoires insensées	*Qui vient on ne sait d'où*
*À quoi ça sert d'*______________________ *?*	*Et vous prend tout à coup.*
2e couplet	
Moi, j'ai entendu dire	*L'amour ça sert à quoi ?*
Que l'amour fait ______________________ *,*	*À nous donner d'*______________________
Que l'amour fait ______________________ *,*	*Avec des larmes aux yeux…*
*À quoi ça sert d'*______________________ *?*	*C'est* ______________________ *et merveilleux !*
3e couplet	
Pourtant on dit souvent	*Même quand on l'a perdu*
L'amour c'est ______________________ *,*	*L'amour qu'on a* ______________________
Qu'il y en a un sur deux	*Vous laisse un goût de* ______________________
Qui n'est jamais ______________________ *…*	*L'amour c'est éternel !*
4e couplet	
Tout ça c'est très joli,	*Tout ce qui maintenant*
Mais quand ______________________	*Te semble déchirant*
Il ne vous reste rien	*Demain, sera* ______________________
Qu'un immense ______________________ *…*	*Un* ______________________ *!*

b) Voici les paroles du dernier couplet. Quel sera la réponse de la chanteuse ? Notez vos hypothèses.

Théo Sarapo :
En somme, si j'ai compris
Sans amour dans la vie,
Sans ses joies, ses chagrins,
On a vécu pour rien ?

© paroles : page 9

Réponse(s) possible(s) de Piaf :

- ____________________
- ____________________
- ____________________

6. Écoutez la réponse de Piaf et la conclusion de la chanson. Quel est le message de la chanteuse ? Vos hypothèses se sont-elles confirmées ? (100–150 mots)

7. La musique souligne-t-elle le contenu des paroles ? Échangez avec vos camarades.

Après l'écoute

8. Quel est le sens de l'amour selon la chanson ? Développez votre réponse en vous appuyant sur les paroles. (100–150 mots)

9. Peut-on aimer qui l'on veut ? Donnez quelques exemples d'obstacles à l'amour. (50–100 mots)

10. La chanson et son époque

a) Édith Piaf et Théo Sarapo interprètent « À quoi ça sert l'amour ? » en 1962. Les années 1960 ont été marquées par des bouleversements politiques, sociaux et culturels. Faites des recherches sur Internet et décrivez brièvement trois événements ou changements marquants de cette décennie.

- ____________________
- ____________________

- ________________________________

b) Pensez-vous que cette chanson est moderne pour son époque ? Justifiez votre réponse en citant les paroles. (100–150 mots)

11. Un peu de grammaire : la mise en relief

a) Dans la conclusion, Piaf chante : « *C'est* toi *que* je voulais ! ». Dans cette phrase, la mise en relief permet de souligner le pronom « toi ». Sur le même modèle, mettez en relief les mots soulignés.

Je ne peux pas vivre sans toi. ➲ C'est ________________ .

L'amour nous donne de la joie. ➲ C'est ________________ .

L'amour nous donne de la joie. ➲ C'est ________________ .

b) Quand utilise-t-on les pronoms personnels « moi, toi, lui/elle, nous, vous, eux/elles » ? Donnez trois cas de figure, accompagnés d'un exemple.

- ________________________________
- ________________________________
- ________________________________

12. « Le cœur a ses raisons que la raison ne connaît point », a écrit le mathématicien, physicien et écrivain français Blaise Pascal (1623–1662). Mettez cette citation en rapport avec le message de la chanson. (100–150 mots)

Pour aller plus loin

13. Regardez le clip d'animation « À quoi ça sert l'amour ? », réalisé par Louis Clichy en 2003. Que pensez-vous de cette interprétation de la chanson d'Édith Piaf ? Aimez-vous ce clip ? Justifiez votre avis.

YouTube Édith Piaf et Théo Sarapo, «À quoi ça sert l'amour ?», Film de Louis Clichy, 11.07.2009

14. Regardez le clip de la chanson « Roméo kiffe Juliette » (2010) du slameur français Grand Corps Malade. De quels obstacles à l'amour parle-t-il dans ce titre ? Comparez son message et sa musique avec ceux d'« À quoi ça sert l'amour ? ».

YouTube Grand Corps Malade, «Roméo kiffe Juliette» (Clip officiel), 04.10.2010

Paroles *Écrites par : Michel Emer*
Éditeur : Copyright Edition Beuscher Arpege / Sony / ATV Music Publishing (Germany) GmbH, Berlin

Pomme chante ses doutes et ses failles

Claire Pommet, *alias Pomme, est l'un des nouveaux visages de la chanson française.* | PHOTO : *Getty Images*

De sa voix légère mais profonde, la Lyonnaise Claire Pommet alias Pomme nous *envoûte* avec un univers musical *singulier*, fait de ballades *aériennes* et mélancoliques. Son deuxième album, « Les Failles », a été *récompensé* en 2020 lors des *Victoires de la musique*.

1 CLAIRE POMMET a très tôt *ressenti le besoin d'*exprimer ses émotions par l'écriture. Dès l'*école primaire*. C'est à cette période, à l'âge de sept ans, qu'elle découvre la musique et le chant, *encouragée* par une famille amatrice de chanson française. Celle qui *grandit* à Caluire-et-Cuire, commune de *l'agglomération lyonnaise*, donne *à l'adolescence* ses premiers concerts, dans des cafés, et choisit comme *nom de scène* le *surnom* qu'on lui donnait au collège : Pomme. Le *bac en poche*, elle s'installe à Paris pour commencer des études d'anglais puis décide, finalement, de *se consacrer* entièrement *à* la musique.

2 La *sortie* de ses premières chansons, en 2016, lui permet de se faire connaître et de *se produire* lors des *premières parties* d'artistes tels que Benjamin Biolay ou Vianney. Mais c'est surtout son premier album, intitulé « À peu près », qui donne à Pomme plus de visibilité sur la scène musicale francophone. Son univers y est déjà *reconnaissable*, porté par une voix chaude et *souple* avec des *sonorités* proches de la musique folk, notamment dans le titre « Adieu mon homme ».

3 C'est cependant avec « Les Failles », son deuxième album sorti en 2019, que Pomme *affirme* son identité musicale et artistique. « Sur le premier album, je me laissais *vachement* guider, j'avais besoin de ça et je *n'avais pas assez confiance* pour savoir où je voulais aller. Là, ce nouvel album me ressemble, je suis *allée* le *chercher au fond de moi* », *confie*-t-elle dans un court documentaire* visible sur YouTube. *Alors que* Pomme avait *écrit* une partie seulement des morceaux de son premier *opus*, elle a *composé* tous les titres du second.

> *J'ai une mélancolie permanente depuis l'enfance.*
>
> POMME SUR FRANCE INTER EN 2020

4 La chanteuse a produit « Les Failles » après une *rupture amoureuse*. Pourtant « ces chansons ne parlent pas vraiment d'amour », explique-t-elle dans l'*émission* Clique sur *Canal+*, en janvier 2020. Cette rupture l'aurait surtout *mise « dans un état* d'introspection intense ». Pomme n'hésite plus alors à parler de ses complexes, de ses *angoisses*, de la mort. Et c'est justement avec cette thématique *sombre* que son style *s'impose* et qu'elle remporte le prix de l'album *révélation* aux dernières Victoires de la musique, il y a tout juste un an.

5 La sensibilité de Pomme s'exprime également lors de ses concerts, au cours desquels elle interprète ses chansons de façon minimaliste, s'accompagnant souvent d'une simple guitare ou d'une *autoharpe*, un instrument qui rappelle sa passion pour le folk. La chanteuse crée ainsi une ambiance très intimiste, un cocon à émotions pour elle et son public.

6 À 24 ans, Pomme accepte ses doutes, *assume* ses faiblesses et n'a plus peur de composer des chansons qui lui *correspondent* vraiment. Aussi, quand elle reçoit son prix lors des Victoires de la musique, elle a terminé ses remerciements en citant le compositeur et chanteur canadien Leonard Cohen : « Il y a une faille dans chaque chose, et c'est par là qu'entre la lumière ».

Sylvain Pousset
Février 2021 © Revue de la Presse

* « Les Failles, le documentaire », réalisé par Hugo Pillard en 2019.

0–1 **FAILLE** (f.) h. (fig.): Schwachstelle – **envoûter qn** jdn. verzaubern – **singulier, -ière** h.: einzigartig – **aérien, -ienne** h. (fig.): schwerelos, luftleicht – **récompenser** auszeichnen – **les Victoires** (f. pl.) **de la musique** (jährlich stattfindende frz. Musikpreisverleihung) – **ressentir le besoin de faire qc** gem.: das Bedürfnis spüren, etw. zu tun – **école** (f.) **primaire** Grundschule – **encourager** ermutigen – **grandir** aufwachsen – **l'agglomération** (f.) **lyonnaise** der Großraum Lyon – **à l'adolescence** im Jugendalter – **nom** (m.) **de scène** Künstlername – **surnom** (m.) Spitzname – **bac** (fam.) = **baccalauréat** (m.) Abitur – **en poche** in der Tasche – **se consacrer à qc** s. e-r S. widmen
2–3 **sortie** (f.) h.: Erscheinen – **se produire** auftreten – **première partie** (f.) h.: Vorprogramm – **reconnaissable** erkennbar – **souple** h.: geschmeidig – **sonorité** (f.) Klang – **affirmer** behaupten, bekräftigen – **vachement** (fam.) h.: sehr – **ne pas avoir assez confiance** zu wenig Selbstvertrauen haben – **aller chercher qc au fond de soi** etw. aus seinem tiefsten Innern schöpfen – **confier** anvertrauen – **alors que** während, wohingegen – **écrire** h.: texten und komponieren – **opus** (m.) h.: Album – **composer** h.: texten und komponieren
4–6 **rupture amoureuse** Ende e-r Liebesbeziehung, **rupture** (f.) Bruch – **émission** (f.) Sendung– **Canal+** (frz. Bezahlfernsehsender) – **mettre qn dans un état …** jdn. in e-n Zustand … versetzen – **angoisse** (f.) Angst – **sombre** dunkel – **s'imposer** s. durchsetzen – **révélation** (f.) h.: Entdeckung (des Jahres) – **autoharpe** (f.) Autoharp (Kastenzither, die vorwiegend in der Bluegrass-, Folk- und Countrymusik verwendet wird) – **assumer qc** zu etw. stehen – **correspondre à qn** h.: jdm. entsprechen

Une artiste sensible et engagée

1 SES CHANSONS sont le plus souvent mélancoliques et Pomme les interprète *avec* sensibilité et *douceur*. Cela n'*empêche* pas la jeune chanteuse *de* défendre les *causes* qui lui *tiennent à cœur*. Dans ses textes, Pomme n'a jamais *caché* son homosexualité. Dans la chanson « On *brûlera* », sur son premier album « À peu près », elle déclare son amour à une femme tout en *dénonçant* le regard de la société sur l'homosexualité : « On brûlera toutes les deux en *enfer* mon ange / Je m'excuse auprès des dieux / De ma mère et ses *louanges* / Je sais toutes les *prières* / Tous les *vœux* pour que ça change ».

2 Dans « Les *Failles* », son deuxième album, Pomme *accorde une place* encore plus *importante aux* sujets qui la *touchent*. Elle *évoque*, entre les lignes, le débat sur la *PMA* dans sa chanson « Grandiose » (« Depuis que je n'ai pas le droit / Je veux un enfant dans le ventre »), mais aussi *la pression de l'apparence* sur les *réseaux sociaux* dans « Je sais pas danser » (« Je vois mon corps partout / Je le compare surtout »).

3 Engagée *sans être militante*, Pomme est particulièrement sensible à la cause féministe depuis le mouvement #MeToo. Elle a aussi compris que ses chansons permettaient de rendre plus visibles les minorités sexuelles. Elle *confiait* ainsi en janvier 2020 au magazine *Têtu* : « J'ai pensé à ces *petits gars* ou ces petites *meufs* de 13 ans qui m'écrivent du Maroc ou d'ailleurs pour me dire : " Heureusement que tu existes et que tu écris des chansons de lesbienne ". J'ai donc décidé de le dire, pas pour *étaler* ma vie privée, mais pour qu'il y ait des lesbiennes dans l'espace public. »

Sylvain Pousset
Février 2021 © *Revue de la Presse*

1–3 **AVEC DOUCEUR** sanft, zart – **empêcher qn de faire qc** jdn. daran hindern, etw. zu tun – **cause** (f.) h.: Anliegen – **tenir à cœur** sehr am Herzen liegen – **cacher qc** h.: etw. verschweigen – **brûler** h.: verbrennen – **dénoncer** anprangern – **enfer** (m.) Hölle – **louange** (f.) Lobgesang – **prière** (f.) Gebet – **vœu** (m.) Wunsch – **faille** (f.) h. (fig.): Schwachstelle – **accorder une place importante à qc** e-r S. e-n wichtigen Platz einräumen – **toucher qn** jdn. berühren – **évoquer** erwähnen – **PMA = procréation** (f.) **médicalement assistée** künstliche Befruchtung (das in Frankreich umstrittene Bioethik-Gesetz soll die künstliche Befruchtung auf lesbische Paare und alleinlebende Frauen ausweiten) – **la pression de l'apparence** gem.: das Diktat des äußeren Erscheinungsbildes, **pression** Druck – **réseau** (m.) **social** soziales Netzwerk – **sans être militant** ohne dabei politisch aktiv zu sein – **confier** anvertrauen – **Têtu** (frz. LGBT-Zeitschrift) – **petit** h.: jung – **gars** (m.) (fam.) Kerl – **meuf** (f.) (fam.) h.: Mädel – **étaler** ausbreiten

Avant l'écoute

« Grandiose » (2019)

1. **Pomme, de son vrai nom Claire Pommet, est auteure-compositrice-interprète. Née en 1996, elle appartient à la génération des milléniaux. Quels thèmes aborde-t-elle dans ses chansons selon vous ? Faites des hypothèses.**

____

____

____

____

2. **Lisez le portrait de la chanteuse et notez ci-dessous les caractéristiques de sa musique / de son style.**

a) sa voix : ______________________________

____

b) l'ambiance de ses concerts : ______________________________

____

c) les thèmes de ses chansons : ______________________________

____

d) la manière dont elle interprète ses chansons : ______________________________

____

3. « Grandiose » est le titre d'une chanson de Pomme extraite de son album « Les Failles » (2019).

a) Cherchez des synonymes de l'adjectif « grandiose ».

____

____

b) Qu'est-ce qui, dans la vie, peut être qualifié de « grandiose » ? Cherchez des substantifs.

____

____

4. Regardez le clip de « Grandiose » jusqu'à 0'32''. Décrivez ce que vous voyez et faites part de vos impressions et/ou interprétations. (environ 100 mots)

YouTube Pomme, « Grandiose », 30.08.2020

Pendant l'écoute

5. Écoutez la chanson « Grandiose » une première fois en entier puis notez vos impressions au sujet de...

a) la chanson en général : ______________________________

____

b) la mélodie : ______________________________

____

c) la voix de la chanteuse : ______________________________

____

d) l'accompagnement musical : ______________________________

____

6. Notez au moins cinq mots-clés ou phrases entendus dans la chanson.

____

____

____

7. Écoutez la chanson une deuxième fois. Cochez les affirmations qui correspondent aux propos de la chanteuse. Justifiez les phrases cochées en citant les paroles.

a) Je ne peux pas faire ce que je veux. ◯

Justification : ______________________________

b) La vie est grandiose parce que je fais ce que je veux. ◯

Justification : ______________________________

c) Je me sens différente des autres. ◯

Justification : ______________________________

d) L'amour n'existe pas. ◯

Justification : ______________________________

e) J'aimerais avoir un enfant et lui donner de l'amour. ◯

Justification : ______________________________

8. Qui est désigné par les pronoms « on », « moi » et « toi » dans les lignes suivantes ? Faites des hypothèses.

*Pour toi, la vie qu'****on*** *nous vend bien tracée* (refrain)

____

*J'ai dit : "**Moi,** je veux un enfant"* (2e couplet)

___

*Grandiose, la vie que j'avais inventée/Pour **toi,** …* (refrain)

___

© *paroles: page 15*

9. Dégagez une première interprétation de la chanson en répondant aux questions suivantes.

a) Quel est le problème de la chanteuse ? (environ 50 mots)

b) Quelles sont les attentes de la société ? (environ 50 mots)

Après l'écoute

10. Voici trois messages contenus dans la chanson. Justifiez-les en citant les paroles. Réécoutez la chanson en entier au besoin.

a) Le désir d'enfant est indépendant de l'amour et ne s'explique pas.

Justification : ___

b) Pour atteindre le bonheur, il faut se battre.

Justification : ___

c) Il faut suivre son propre chemin, et non celui que la société nous impose.

Justification : ___

11. Regardez le clip de la chanson en entier. Mettez-vous par deux : l'un(e) observe les actions de la petite fille, l'autre celles des autres personnages/créatures.

a) Notez au moins cinq observations chacun puis échangez vos résultats.

b) Faites le bilan de vos observations et proposez une interprétation du clip. (50–100 mots)

12. Le clip illustre-t-il bien le message de la chanson d'après vous ? Va-t-il parfois au-delà de son contenu ? Certains éléments évoqués dans la chanson sont-ils au contraire absents de la vidéo ? Développez votre réponse. (150–200 mots)

13. Un peu de grammaire : le subjonctif

a) Expliquez l'emploi du subjonctif dans cette phrase :

*Je veux un enfant dans le ventre / Qu'on **s'aime**, qu'on **ait** une vie grandiose* (1er et 3e couplets)

____

____

b) Mettez-vous à la place de la chanteuse. Formulez des phrases au subjonctif introduites par les formules suivantes.

Je suis triste que ______________________________ .

Je ne supporte pas que ______________________________ .

Il faut que ______________________________ .

J'aimerais que ______________________________ .

14. Expliquez le titre de la chanson. Pour cela, mobilisez les connaissances que vous avez acquises tout au long de cette fiche de travail. (100 – 150 mots)

Pour aller plus loin

15. Lisez cet extrait du roman « La fille qui rêvait d'embrasser Bonnie Parker » (2014) et comparez les pensées de la narratrice avec les paroles de « Grandiose ».

Je ne sais plus où j'en suis (…). Si je suis réellement gaie, je ne sais pas si elle** l'acceptera. (…) Je me suis toujours sentie différente des autres et je dois dire que cette idée me plaisait bien. Mais plus aujourd'hui. Pour une fois, j'aimerais bien être comme tout le monde. Je n'ai pas envie que les autres me regardent comme un animal de foire et me pointent du doigt.* (page 52)

* Florence, la narratrice, est une jeune fille de 16 ans qui habite Montréal avec sa famille. La vie de l'adolescente est bouleversée lorsqu'elle apprend le retour dans sa ville de son amie d'enfance, Raphaëlle. | ** « elle » désigne la mère de la narratrice.

« La fille qui rêvait d'embrasser Bonnie Parker », d'Isabelle Gagnon, 2014, Éditions du remue-ménage, Prix des lycéens allemands 2015.

16. La chanson « Grandiose » encourage-t-elle une société plus tolérante selon vous ? Justifiez votre réponse.

Paroles *Écrites par : Claire Pommet* | *Éditeur : Copyright Claire Pommet*

Le chanteur et la société

Georges Brassens

« La mauvaise réputation »

(1952)

Gauvain Sers

« Les Oubliés »

(2018)

Brassens, ce poète qui traverse le temps

Georges Brassens *(1921–1981).* | PHOTO: *Getty Images*

2021 était l'année Brassens. En octobre, on a célébré les 100 ans de la naissance et les 40 ans de la mort du chanteur. *Considéré comme* l'un des *pères* de la chanson française, Georges Brassens a *composé* de nombreux classiques qui restent très populaires.

1 ENCORE aujourd'hui, 40 ans après sa mort, il n'est pas rare d'entendre les chansons de Georges Brassens à la radio ou à la télévision, *reprises* par des artistes de toutes générations. En janvier dernier, lors de l'*émission* «La Fête de la chanson française», *diffusée* sur France 2, les chanteurs Patrick Bruel, Thomas Dutronc et Vianney lui ont *rendu hommage* en reprenant notamment «Les copains d'abord». Écrit en 1964, cet hymne à l'amitié est *indémodable*. *Quant à* son auteur, on oublierait presque qu'il aurait eu cent ans cette année.

2 Georges Brassens est né le 22 octobre 1921 dans un *quartier populaire* de Sète, au bord de *la Méditerranée*. Il y *grandit* auprès d'une mère catholique pratiquante et d'un père *anticlérical* et *libre penseur*. Bien que très différents, ses parents sont *liés* par leur *goût* commun *pour* la chanson. Adolescent, Brassens n'est pas un élève *studieux*, mais il aime les cours de son professeur de français, Alphonse Bonnafé, auprès duquel il découvre la poésie. C'est aussi à cette période qu'il *est impliqué* avec quelques amis *dans* des *affaires de vols* pour lesquelles il est arrêté et *condamné*, en 1939, *à* une courte *peine de prison avec sursis*.

3 Cette *mésaventure* lui *vaut* une mauvaise réputation à Sète. Il quitte l'école et part vivre à Paris, où il s'installe chez sa tante, début 1940. C'est dans la capitale qu'il va *laisser libre cours à* ses *envies* artistiques: comme sa tante possède un piano, Brassens *en profite pour s'initier à* cet instrument. Il *approfondit* sa culture littéraire en lisant Baudelaire, Verlaine ou Hugo. Ses premières poésies et chansons sont écrites à cette époque et on y *perçoit* déjà son *refus* de l'autorité et son *anticonformisme*.

4 La guerre dure depuis quatre ans quand, en mars 1943, le jeune homme de 21 ans doit se rendre en Allemagne, au *camp de travailleurs* de Basdorf, dans le cadre du *service du travail obligatoire* (STO). Cette expérience renforcera ses opinions *libertaires* et antimilitaristes. Dans le Paris d'après-guerre, Brassens continue de *se consacrer* à la poésie et la chanson. Une dizaine d'années vont alors *achever de* former sa personnalité et son répertoire musical jusqu'à ses premiers concerts dans des *cabarets* parisiens, où il va rencontrer un succès immédiat.

5 *Sa marque de fabrique*, ce sont des chansons poétiques et drôles, qui se moquent de la *bêtise* humaine et critiquent toute forme d'autorité: Brassens *n'hésite pas à* rire de la religion, à *tourner en ridicule* des gendarmes dans «*Hécatombe*» ou à *s'en prendre à* un *juge* dans «Le Gorille», célèbre titre dans lequel il *dénonce* la peine de mort. Au contraire, il *dépeint* avec *compassion* ceux que la société *juge* ou *rejette*: les *marginaux* et anticonformistes («La mauvaise réputation»), les étrangers («Chanson pour l'Auvergnat»), les prostituées («La *complainte* des *filles de joie*»)...

6 Brassens *fait* aussi *l'éloge des* bonheurs simples dans des morceaux d'une grande finesse poétique comme «Le Parapluie», qui *relate* une *rencontre amoureuse furtive* par mauvais temps. Ses textes, qu'il accompagne uniquement à la guitare, proposent un *savant* mélange d'*argot* et de vocabulaire *soutenu*. Le poète les travaille longuement afin de trouver le mot juste qui tombera sur le meilleur rythme, ou la meilleure note. Ce *sens de la tournure* fait de lui un des maîtres de la *chanson à texte*.

7 *Atteint* d'un *cancer*, Georges Brassens meurt à 60 ans, le 24 octobre 1981. Il laisse l'image d'un homme *humble* qui est *resté fidèle à* ses *convictions*. L'*auteur-compositeur-interprète* laisse surtout une *œuvre* de près de 200 chansons et de nombreux classiques qui continuent d'influencer les jeunes artistes. Sur France 2, lors de l'émission de janvier dernier consacrée à la chanson française, Vianney, né dix ans après la mort du chanteur de Sète, résumait ainsi l'*importance* de son *héritage* musical: «Brassens *se transmet*, il traverse le temps».

Sylvain Pousset et Laure Wallois
Octobre 2021 © Revue de la Presse

0–1 **TRAVERSER le temps** die Zeit überdauern – **être considéré comme...** gelten als – **père** (m.) h.: Begründer – **composer** h.: schreiben (Text und Musik) – **reprendre** h.: interpretieren, covern – **émission** (f.) Sendung – **diffuser** senden – **rendre hommage à qn** jdn. würdigen – **indémodable** zeitlos – **quant à...** was ... betrifft
2–3 **quartier** (m.) **populaire** Arbeiterviertel – **la Méditerranée** das Mittelmeer – **grandir** aufwachsen – **anticlérical** kirchenfeindlich – **libre penseur/-euse** freigeistig – **lier** verbinden – **goût** (m.) **pour** Interesse an – **studieux, -ieuse** fleißig – **être impliqué dans** verwickelt sein in – **affaire** (f.) **de vol** Diebstahlsdelikt – **condamner à** verurteilen zu – **peine** (f.) **de prison** Freiheitsstrafe – **avec sursis** auf Bewährung – **mésaventure** (f.) missliche Erfahrung – **valoir qc à qn** jdm. etw. einbringen – **laisser libre cours à qc** e-r S. freien Lauf lassen – **envie** (f.) h.: Neigung – **en profiter pour faire qc** die Gelegenheit nutzen, um etw. zu tun – **s'initier à qc** etw. erlernen – **approfondir** vertiefen – **percevoir** spüren, erkennen – **refus** (m.) Ablehnung – **anticonformisme** (m.) Nonkonformismus, Unangepasstheit
4–5 **camp** (m.) **de travailleurs** Zwangsarbeitslager – **service** (m.) **du travail obligatoire** Zwangsarbeitsdienst – **libertaire** anarchistisch – **se consacrer** s. widmen – **achever de faire qc** etw. vollständig tun – **cabaret** (m.) Nachtlokal – **sa marque de fabrique** sein/ihr Markenzeichen – **bêtise** (f.) Dummheit – **ne pas hésiter à faire qc** nicht davor zurückschrecken, etw. zu tun – **tourner qn en ridicule** jdn. lächerlich machen – **hécatombe** (f.) Massaker – **s'en prendre à qn** jdn. angreifen, - heftig kritisieren – **juge** (m./f.) Richter/in – **dénoncer** anprangern – **dépeindre** porträtieren – **compassion** (f.) Mitgefühl – **juger qn** über jdn. urteilen, jdn. verurteilen – **rejeter** verstoßen, ablehnen – **le/la marginal/e** d. gesellschaftliche Außenseiter/in – **complainte** (f.) Klagelied – **fille** (f.) **de joie** Freudenmädchen
6–7 **faire l'éloge de qc** etw. besingen – **relater** schildern – **rencontre** (f.) **amoureuse** Flirt, **rencontre** Begegnung – **furtif, -ive** flüchtig – **savant** h.: raffiniert – **argot** (m.) h. auch: Umgangssprache, Slang – **soutenu** gehoben, gewählt – **le sens de la tournure** die Sprachvirtuosität, **tournure** Wendung – **chanson** (f.) **à texte** literarisch anspruchsvolles Chanson – **être atteint de** erkrankt sein an – **cancer** (m.) Krebs – **humble** bescheiden, zurückhaltend – **rester fidèle à qc** e-r S. treu bleiben – **conviction** (f.) Überzeugung – **auteur-compositeur-interprète** (m.) Chansonnier, Liedermacher – **œuvre** (f.) Werk – **importance** (f.) Bedeutung – **héritage** (m.) Vermächtnis – **se transmettre** h.: von Generation zu Generation weitergegeben werden

Avant l'écoute

«La mauvaise réputation» (1952)

1. Découvrez le portrait de Georges Brassens : lisez l'introduction et le premier paragraphe. Qu'apprenez-vous sur le chanteur ? Résumez.

____

____

____

2. Lisez maintenant les paragraphes 2 à 4 : trouvez pour chaque période indiquée une information pouvant expliquer les opinions libertaires et antimilitaristes de Brassens.

Quand il était enfant : ______________________________

____

Quand il était adolescent : ______________________________

____

Quand il était jeune homme : ______________________________

____

3. Lisez les paragraphes 5 et 6, qui portent sur les caractéristiques des chansons de Brassens. Les phrases suivantes sont-elles vraies ou fausses ? Justifiez votre réponse en citant le texte.

a) Georges Brassens défendait dans ses textes les personnes mises à l'écart de la société.

○ vrai ○ faux

____

____

b) Ses chansons étaient uniquement protestataires. ○ vrai ○ faux

____

____

c) Georges Brassens écrivait les textes de ses chansons très rapidement. ○ vrai ○ faux

____

____

Pendant l'écoute

4. Écoutez la chanson « La mauvaise réputation » une première fois en entier.

a) Qu'est-ce qui vous semble le plus important dans cette chanson ?

◯ la musique ◯ le texte

Justifiez : ______________________________

____

b) De quoi parle la chanson ? Notez les mots-clés que vous avez compris.

____

____

5. Écoutez une nouvelle fois la chanson, du début à 0'34''.

**a) Associez le début et la fin des phrases du 1er couplet.
Aidez-vous au besoin du vocabulaire ci-dessous.**

A *Au village, sans prétention,*	1 *Je pass' pour un je-ne-sais-quoi.*
B *Qu'je m'démène* ou qu'je reste coi,*	2 *En suivant mon ch'min de petit bonhomme ;*
C *Je ne fais pourtant de tort à personne,*	3 *J'ai mauvaise réputation ;*
D *Mais les brav's gens n'aiment pas que / Non, les brav's gens n'aiment pas que*	4 *Sauf les muets, ça va de soi.*
E *Tout le monde médit de moi,*	5 *L'on suive une autre route qu'eux…*

* *Qu'je m'démène* = *que je me démène.* Les apostrophes remplacent des « e » muets.

Vocabulaire **sans prétention** sans vouloir me vanter • **se démener** ici : s'agiter • **rester coi** rester silencieux, tranquille • **faire du tort à qn** agir de manière injuste envers qn

A ________ B ________ C ________ D ________ E ________

b) Relisez le 1er couplet. Quel est le problème du narrateur ? Résumez.

____

____

____

6. Poursuivez l'écoute, de 0'34" à 1'07".

a) Complétez les paroles du 2e couplet avec les mots proposés.

route • manchots • doigt • musique • jour • reste • clairon • lit • regarde

Le ________________ *du quatorze Juillet,*

Je ________________ *dans mon* ________________ *douillet ;*

La ________________ *qui marche au pas,*

Cela ne me ________________ *pas.*

Je ne fais pourtant de tort à personne,

En n'écoutant pas le ________________ *qui sonne ;*

Mais les brav's gens n'aiment pas que

L'on suive une autre ________________ *qu'eux…*

Non, les brav's gens n'aiment pas que

L'on suive une autre route qu'eux…

Tout le monde me montre au ________________ *,*

Sauf les ________________ *, ça va de soi.*

b) À quoi font référence « la musique qui marche au pas » et « le clairon qui sonne » ?

◯ à la fête ◯ à la guerre ◯ à la liberté

c) Que se passe-t-il en France le 14 Juillet ?

____

____

____

____

7. Poursuivez l'écoute, de 1'07" à 1'39".

a) Parmi les mots suivants, entourez ceux que vous avez entendus dans le 3e couplet.

bonheur • argent • courir • mal • poursuivi • pommes • chemin • route • voleur(s)

b) Écoutez cet extrait encore une fois. Quelle phrase correspond le mieux à la situation ?

- ◯ Le narrateur aide un voleur de pommes à s'échapper.
- ◯ Le narrateur poursuit un voleur de pommes.
- ◯ Le narrateur a volé des pommes.

8. Écoutez la fin de la chanson (à partir de 1'39").

a) Complétez le texte du couplet final avec les mots proposés.

problème • Rome • promis • aveugl's • gentil • corde • passeront • regarder • pendu

Pas besoin d'être Jérémi'

Pour d'viner l'sort qui m'est ______________________ *:*

S'ils trouvent une ______________________ *à leur goût,*

Ils me la ______________________ *au cou.*

Je ne fais pourtant de tort à personne,

En suivant les ch'mins qui n'mènent pas à ______________________ *;*

Mais les brav's gens n'aiment pas que

L'on suive une autre route qu'eux…

Non, les brav's gens n'aiment pas que

L'on suive une autre route qu'eux…

Tout l'mond' viendra me voir ______________________*,*

Sauf les ______________________*, bien entendu.*

© paroles 5., 6. et 8.: page 23

b) Georges Brassens fait ici référence à Jérémie, un personnage de la Bible qui aurait prédit l'avenir. Comment est-ce que le narrateur imagine son propre sort ?

Après l'écoute

9. La chanson « La mauvaise réputation » résume bien les opinions politiques de Georges Brassens, telles qu'exposées dans son portrait. Citez une ligne des paroles qui traduit chacune de ses positions.

L'anticonformisme :

L'antimilitarisme :

La liberté de choix :

L'anarchisme :

10. Quelle ligne des paroles résume le mieux la chanson ?

11. Familiarisez-vous avec l'humour de Brassens.

a) L'adjectif « brave » signifie « gentil, honnête, bon ».
Dans le contexte de cette chanson, Brassens utilise ce mot de façon…

◯ neutre ◯ admirative ◯ ironique

b) Brassens utilisait souvent l'humour noir dans ses textes.
Trouvez dans chaque couplet les deux vers caractéristiques de ce type d'humour.
Expliquez votre réponse. (environ 50 mots)

12. À vous de jouer !

a) Concentrez-vous sur les 2e et 3e couplets. En groupe, préparez des arguments pour expliquer la position du narrateur et celle des « brav's gens ». Jouez ensuite les situations décrites dans ces deux couplets : un/e élève jouera le narrateur, les autres joueront des habitants du village.

b) Imaginez en groupe (à l'écrit ou à l'oral) un couplet supplémentaire dans lequel le narrateur s'adresse, sous forme de monologue, aux « brav's gens » pour les convaincre de ne pas le lyncher.

Pour aller plus loin

13. En 1952, quand la chanson a été enregistrée, sa diffusion à la radio a été interdite (par le comité d'écoute de la Radiodiffusion française). Pourquoi, selon vous ? Projetez-vous dans le contexte de l'époque ou faites quelques recherches. (environ 50 mots)

14. Et aujourd'hui : existe-t-il encore des normes sociales auxquelles chacun est censé se conformer ? Si oui, lesquelles ?

a) Faites d'abord une liste de vos idées.

b) Présentez ensuite ces idées à vos camarades en commençant vos phrases par « Je ne fais pourtant de tort à personne … » Utilisez le gérondif, comme dans l'exemple suivant.

*« Je ne fais pourtant de tort à personne / **En** ne **faisant** pas d'études supérieures. »*

Paroles
Écrites par : Georges Charles Brassens
Éditeur : Copyright Warner Chappell Music France SA
Neue Welt Musikverlag GmbH, Hamburg

Gauvain Sers se révolte, avec tendresse et légèreté

Gauvain Sers *en 2017, lors du festival des Francofolies de La Rochelle.* | PHOTO: *Getty Images*

***Casquette* de velours sur la tête, sourire discret, regard franc et guitare à la main : Gauvain Sers nous rappelle des grandes figures de la chanson française comme Renaud ou Brassens. Avec ses textes simples et engagés, *le trentenaire*, encore inconnu il y a quelques années, a *conquis* le public.**

1 RIEN ne prédestinait Gauvain Sers à devenir un chanteur populaire. Il n'a pas grandi dans une famille de musiciens: son père est professeur de mathématiques et sa mère *pharmacienne*. Mais ses parents lui ont *transmis* leur *penchant* pour les chansons à texte, en particulier celles de Renaud, Brassens, Barbara, Brel ou encore Jean Ferrat. *Autant d'influences* que l'on entend aujourd'hui dans ses deux premiers albums, «*Pourvu*» (2017) et «Les Oubliés» (2019).

2 Ce n'est qu'après avoir terminé ses études d'ingénieur à Toulouse qu'il décide de s'installer à Paris pour *tenter sa chance* dans la musique. Il débute par de petits concerts dans des cafés avant de *se faire remarquer par* Renaud, qui lui propose d'*assurer les premières parties* de sa tournée. La *filiation* avec le chanteur de «Mistral gagnant» est *évidente*: même *timbre* de voix, même écriture *teintée de poésie*, d'humour et de nostalgie.

3 Gauvain Sers a toutefois une *particularité*: moins *écorché vif* que son aîné, il mêle tendresse et révolte dans ses chansons et y fait avant tout le portrait de son époque. Dans son titre «Les Oubliés», sorti il y a un an en pleine crise des *gilets jaunes*, l'auteur-compositeur-interprète met en lumière ceux qui sont dans l'ombre et se sentent *délaissés* par l'État. Il chante aussi le *désespoir* d'une mère dont le fils s'est radicalisé dans «Mon fils est parti au djihad», *dénonce* la montée de l'extrême droite dans «*Hénin-Beaumont*» ou encore le changement climatique avec «Y'a plus de saisons».

4 *Natif de Limoges*, Gauvain Sers a grandi à la campagne, dans *la Creuse*. L'*attachement* à la nature, aux villages et aux champs est un thème qu'il *aborde* dans plusieurs de ses chansons, notamment dans les titres «Sur mon tracteur» et «Les Oubliés». Bien qu'installé à présent dans la capitale, il a gardé un *lien étroit* avec la France *rurale*, choisissant de donner ses concerts en priorité dans de petites villes.

5 Ses *origines* provinciales et son *éternelle* casquette lui *valent* parfois l'image caricaturale de «chanteur des campagnes». La force de Gauvain Sers est au contraire celle de quelqu'un qui n'a pas *renié ses racines*, capable d'*emprunter à* plusieurs univers. Et comme il le déclare lui-même dans une interview sur *France 3*: «Cette casquette justement, je la portais à mes débuts et je l'ai gardée parce que je trouve qu'elle me représente bien : elle *a un côté titi parisien* qui me *correspond puisque* j'habite depuis six ans à Paris, une ville que j'adore, mais elle *a* aussi *un côté campagnard* pour me *remémorer* d'où je viens».

6 Avec ses textes simples et *sincères*, le jeune chanteur *atteint* un public large, de plusieurs générations. Et il s'en réjouit : «Il n'y a pas beaucoup de choses dans la vie qui nous réunissent et les chansons ont ce rôle-là aussi». Guitare sur les genoux et stylo à la main, Gauvain Sers défend à sa façon ce qui le touche, apportant *au passage* un peu de légèreté à ceux qui l'écoutent.

Sylvain Pousset

0–1 **SE RÉVOLTER** s. auflehnen, rebellieren – **tendresse** (f.) Zärtlichkeit – **casquette** (f.) h.: Schirmmütze – **le/la trentenaire** d. Dreißigjährige – **conquérir** erobern – **le/la pharmacien/-ienne** d. Apotheker/in – **transmettre** h.: weitergeben – **penchant** (m.) Neigung, Vorliebe – **autant d'influences** lauter Einflüsse – **pourvu (que)** wenn ... nur; sofern

2 **tenter sa chance** sein Glück versuchen – **se faire remarquer par qn** jdm. auffallen – **assurer les premières parties** h. gem.: das Vorprogramm bestreiten – **filiation** (f.) Abstammung, h. gem.: musikalische Verwandtschaft – **évident** offenkundig – **timbre** (m.) h.: Klang, Klangfarbe – **être teinté de poésie** poetisch gefärbt sein

3–4 **particularité** (f.) Besonderheit – **un écorché vif** (fig.) ein hoch verletzlicher Mensch, auch: ein gebranntes Kind, ein leidgeprüfter Mensch, **écorcher** häuten – **les gilets** (m. pl.) **jaunes** gem.: die soziale Protestbewegung der „Gelbwesten" – **délaisser** im Stich lassen – **désespoir** (m.) Verzweiflung – **dénoncer** anprangern – **Hénin-Beaumont** (Stadt im Departement Pas-de-Calais, bekam bei den Gemeindewahlen 2014 e-n rechtsextremen Bürgermeister) – **être natif, -ive de Limoges** in Limoges geboren sein – **la Creuse** (département de la Région Nouvelle-Aquitaine) – **attachement** (m.) Verbundenheit – **aborder** angehen – **lien** (m.) Band – **étroit** eng – **rural** ländlich

5–6 **origine** (f.) Herkunft, Ursprung – **éternel, -elle** ewig – **valoir qc à qn** jdm. etw. einbringen – **renier ses racines** seine Wurzeln leugnen – **emprunter à** Anleihen machen bei/in – **France 3** (öffentlich-rechtlicher frz. Fernsehsender) – **avoir un côté titi parisien** etwas von e-m Pariser Straßenjungen haben – **correspondre à qn** zu jdm. passen – **puisque** da, weil – **avoir un côté campagnard** etwas Ländliches haben – **remémorer** erinnern – **sincère** ehrlich, aufrichtig – **atteindre** erreichen – **au passage** nebenbei

Des gilets jaunes *occupent un rond-point à Saint-Beauzire, petite commune du Puy-de-Dôme, en décembre 2018. Il y a trois ans, la chanson « Les Oubliés » de Gauvain Sers était devenue l'un des hymnes des manifestants.*
| PHOTO: *Getty Images*

Un hymne pour les « oubliés »

1 EN MARS 2018, le directeur et *instituteur* de l'école de Ponthoile, un village de *la Somme*, écrit à Gauvain Sers après l'avoir vu sur scène. Il demande au jeune chanteur d'*évoquer* pendant ses concerts la situation de son établissement, alors *en sous-effectif* et *menacé de fermeture*. Touché par cette *démarche* et très *sensible au* problème de la *désertification* des campagnes, Gauvain Sers *ne restera pas sourd à* cet appel.

2 L'artiste avait lui-même constaté, lors de ses retours fréquents dans *sa région d'origine*, *la Creuse*, la disparition progressive des services publics dans les villages. Il écrit alors « Les Oubliés », une chanson en hommage à cet instituteur ainsi qu'à tous les habitants des campagnes françaises qui ont le sentiment d'être *abandonnés* par les responsables politiques et les médias.

3 Lorsqu'elle sort en décembre 2018, la chanson trouve rapidement un écho parmi… les gilets jaunes. Nombre d'entre eux viennent de petites villes et villages et se sentent eux aussi *délaissés* par l'État. « On est les oubliés / La campagne, les *paumés* / Les trop loin de Paris / *Le cadet d'leurs soucis* ». Les paroles de Gauvain Sers sont *reprises* par les manifestants, ce qui touche et *surprend* le chanteur. Il *confie* alors au Parisien : « Cela me fait très plaisir de recevoir des mails de personnes qui me disent qu'elles ont *passé* ma chanson dans une *manif*. C'est le plus beau cadeau, pour une chanson, de devenir un hymne ».

4 Dans le clip des « Oubliés », *le Creusois* chante dans l'école de Ponthoile, *désormais* fermée. « La chanson n'a pas aidé pour celle-là, mais j'espère que ça pourra faire ouvrir les yeux sur la situation d'autres écoles et aider à lutter contre la fermeture de nombreux services », déclare Gauvain Sers sur *France 3*. *Quant aux* 28 élèves et leur instituteur, ils ont dû aller dans une autre école, dans une ville un peu plus grande, un peu plus loin.

Sylvain Pousset

Légende **LES GILETS** (m. pl.) **jaunes** gem.: die soziale Protestbewegung der „Gelbwesten" – **le rond-point** der Verkehrskreisel – **le Puy-de-Dôme** (département de la Région Auvergne-Rhône-Alpes) – **le/la manifestant/e** d. Demonstrant/in
1–2 **un/e instituteur/-trice** e. Grundschullehrer/in – **la Somme** (département de la Région Hauts-de-France) – **évoquer** erwähnen, sprechen (von) – **être en sous-effectif** unter Personalmangel -, h. gem.: unter Schülermangel leiden – **être menacé de fermeture** von Schließung bedroht sein – **démarche** (f.) h.: Initiative, Anliegen – **qn est sensible à qc** h.: etw. lässt jdn. nicht kalt, - interessiert jdn. – **désertification** (f.) Verödung – **ne pas rester sourd à qc** e-r S. Gehör schenken, **sourd** taub – **la région d'origine** die Herkunftsregion – **la Creuse** (département de la Région Nouvelle-Aquitaine) – **abandonner** verlassen, im Stich lassen
3–4 **délaisser** im Stich lassen – **paumé** (fam.) gottverlassen, h. gem.: abgehängt – **le cadet d'leurs soucis** i-e geringste Sorge – **reprendre** h.: aufgreifen – **surprendre** überraschen – **confier** anvertrauen – **passer** h.: spielen – **manif** (fam.) = **manifestation** (f.) Demonstration – **le/la Creusois/e** d. Person aus dem Departement Creuse – **désormais** fortan, h.: mittlerweile – **France 3** (öffentlich-rechtlicher frz. Fernsehsender) – **quant à qn/qc** was jdn./etw. betrifft

Avant l'écoute

«Les Oubliés» (2018)

1. **Cette photo a été prise en 2016 à Cieux, une petite commune du centre-ouest de la France. Que montre-t-elle ? À votre avis, que se passe-t-il dans ce village ?**

| PHOTO : *Getty Images*

2. **En 2018, Gauvain Sers a écrit la chanson « Les Oubliés ». Observez la photo qui illustre son portrait et décrivez-le en quelques phrases. (maximum 50 mots)**

3. **Lisez maintenant les paragraphes 1 à 4 de son portrait. D'où vient ce chanteur ? Quel est son parcours ? Quelle est la particularité de ses chansons ? Développez votre réponse. (50–100 mots)**

4. Lisez le premier paragraphe du texte « Un hymne pour les "oubliés" », puis répondez aux questions suivantes.

a) Pourquoi est-ce que l'école de Ponthoile doit fermer ?

____

____

____

b) Est-ce que Gauvain Sers accepte la demande de l'instituteur ?
Justifiez votre réponse en citant le texte.

____

____

____

c) Que signifie l'expression « désertification des campagnes » ?

____

____

____

5. Quels sont, selon vous, les avantages et les inconvénients de la vie à la campagne ? Remplissez le tableau suivant.

avantages	inconvénients
• ______________	• ______________
______________	______________
• ______________	• ______________
______________	______________
• ______________	• ______________
______________	______________

Pendant l'écoute

6. **Écoutez la chanson une première fois en entier. Quels instruments de musique reconnaissez-vous ? Quel est ce genre musical ? Comment décririez-vous la musique ?**

____

____

____

7. **Réécoutez le début de la chanson, jusqu'à 0'50". Entourez les mots que vous avez entendus dans le 1er couplet et le refrain.**

école • élève • ville • fermeture • classe • professeur • rentrée • magasin • campagne

8. **Poursuivez l'écoute, de 0'50" à 1'16". Complétez les paroles du 2e couplet.**

À vouloir ____________________ *les cantons d'à côté en 30 élèves par salle.*

Cette même philosophie qui transforme le pays en un ____________________

Ça leur a pas suffi qu'on ait plus d' ____________________

Que les ____________________ *se fassent la malle*

Y a plus personne en ville, y a que les ____________________ *qui brillent dans la rue principale*

9. **Poursuivez l'écoute, jusqu'à 2'08". Que signifie l'expression «(C'est) le cadet de leurs soucis», que l'on entend dans le refrain ? Trouvez une formule équivalente en français.**

____

10. **Voici plusieurs mots familiers employés dans la chanson. Trouvez pour chacun d'eux un mot ou une formule qui lui correspond dans le langage courant. Réécoutez au besoin les paroles jusqu'à 2'08".**

a) dégaine (f.) : ____________________

b) paumé/e (m./f.) : ____________________

c) se faire la malle : ____________________

d) patelin (m.) : ____________________

e) marmot (m.) : ______

f) bonbec (m.) : ______

11. Terminez l'écoute de la chanson, puis faites part de vos impressions.

a) Quel(s) mot(s) choisiriez-vous pour décrire l'atmosphère de la chanson ?

○ la joie ○ la tristesse ○ la mélancolie ○ l'espoir

b) Citez quelques mots-clés ou expressions entendus pour justifier votre choix.

______

______

Après l'écoute

12. Quelle phrase correspond le mieux au message de la chanson ?

a) Les écoles de campagne n'ont plus d'avenir. ○

b) Il est scandaleux de fermer une école parce qu'elle n'a pas assez d'élèves. ○

c) Le rôle des écoles de villages n'est pas fondamental. ○

13. Lisez ces trois lignes extraites de la chanson. Quelles personnes sont désignées par les pronoms en gras ? Que leur est-il reproché ? Aidez-vous au besoin du texte « Un hymne pour les "oubliés" ». (environ 50 mots)

- *Le cadet d'**leurs** soucis* (refrain)
- *Ça **leur** a pas suffi qu'on ait plus d'épicerie* (2e couplet)
- ***Ceux** qui ferment les écoles, les cravatés du col* (4e couplet) *© paroles 8. et 13.: page 30*

14. Lisez le 4e couplet (page 104). Les affirmations suivantes correspondent-elles à son contenu ? Justifiez vos réponses.

a) Dans les ministères, les décisions sont prises, avant tout, dans l'intérêt des enfants.

○ vrai ○ faux

______

______

b) Le travail des instituteurs n'est pas reconnu à sa juste valeur.

◯ vrai ◯ faux

c) Les responsables ministériels connaissent bien les élèves concernés par les fermetures d'école.

◯ vrai ◯ faux

15. Présentez les événements de la chanson du point de vue de l'instituteur en rédigeant un court texte à la première personne. (50–100 mots)

16. Comment rendre un village plus dynamique ? Faites une petite liste de vos idées. (50–100 mots)

Pour aller plus loin

17. Regardez le clip de la chanson « Les Oubliés ». Donnez ensuite votre avis sur cette vidéo sous la forme d'un commentaire à poster sur les réseaux sociaux. (50–100 mots)

YouTube Gauvain Sers, «Les Oubliés» (Clip officiel), 22.02.2019

Paroles
Écrites par: Gauvain Thibaut Sers
Éditeur: Copyright Bella Vista/Universal Music Publishing GmbH, Berlin

Chansons féministes

Juliette Gréco

« Je suis comme je suis »

(1951)

Angèle

« Balance ton quoi »

(2018)

Mort de Juliette Gréco : il n'y a plus d'après

Juliette Gréco *(1927–2020)*. | PHOTO : *Picture Alliance*

Lors de la *disparition* de Juliette Gréco en 2020, le quotidien Libération revenait sur la vie de la chanteuse iconique, qui était connue pour son élégance et sa liberté de ton.

1 «CE DOS, cette façon de *bouger*, je crois que je les reconnaîtrais n'importe où dans le monde.» Voilà ce qu'aurait dit, à la fin des années 80, Miles Davis alors qu'il revoyait, des années après leur histoire d'amour, Juliette Gréco. Sans avoir jamais connu la chanteuse, tout le monde *peut en dire autant*. Ce dos, cette façon de bouger, mais aussi cette *allure* de diva *enroulée de noir surplombée* d'*un regard de jais*, ces mains qui bougeaient et exprimaient la chanson – elle les *qualifiait de* «traductrices» –, on pourrait les deviner *en un clin d'œil*, reconnaître en seulement quelques mots déclamés ce *phrasé* particulier, cette manière de réciter des textes, quelque part entre le "spoken word" et la mélodie. La chanteuse, figure unique de la chanson française, est morte ce mercredi [23 septembre 2020] à l'âge de 93 ans.

2 Juliette Gréco n'a jamais vraiment changé. Elle a toujours gardé son élégance. (...) Gréco soulignait toujours ses *paupières* d'un *fard noir corbeau*, en accord avec ses cheveux, et ses habits. La chanson française avait deux *dames en noir*, il n'y en avait plus qu'une depuis la mort de Barbara en 1997. Cette *obscurité* qui, comme chez *la longue dame brune*, *tranchait avec* un sourire et un *pétillement* fréquent, rappelait ce que Gréco avait été, ce qu'elle est sans doute encore : un souvenir. De quoi ? D'un autre temps qui semble aujourd'hui complètement *révolu*.

3 *Retracer* la discographie de la chanteuse, voir qui lui a écrit des morceaux, faire la liste de celles et ceux qu'elle a connus revient à *se plonger dans* une époque qui semble si *lointaine*. Prévert, Merleau-Ponty, Sartre, Beauvoir, Brel, Brassens, Maurice Fanon, Boris Vian, Serge Gainsbourg (...), *autant de* noms de personnalités dont il paraît presque surprenant que quelqu'un qui, hier encore, était notre contemporaine, avait pu les *croiser*, partager la table du *Flore* avec eux.

4 (...) Juliette Gréco naît en 1927 à Montpellier. Elle ne connut que très peu son père, policier corse, et grandit avec ses grands-parents maternels à Bordeaux. Au début des années 30, sa mère l'emmène, avec sa sœur Charlotte, vivre à Paris. Elle y est *petit rat*. Quand la guerre éclate, le trio retourne dans le Sud-Ouest. La mère rentre dans la Résistance, est arrêtée en 1943. La sœur aînée est également arrêtée par la Gestapo, sous les yeux de Juliette. Elle *gifle* un policier pour se faire *embarquer* et ne pas laisser sa sœur seule, est incarcérée pendant un mois à *Fresnes*. Jugée trop jeune pour la déportation des résistants, elle n'ira pas à Ravensbrück comme sa mère et sa sœur (qui en sortiront en 1945). Gréco *vivote* jusqu'à la fin de la guerre.

5 Quand la Libération arrive enfin, elle *traîne* à Saint-Germain-des-Prés, rencontre, rue Saint-Benoît ou ailleurs, ce pot-pourri d'*intellos*, de soldats américains *en relève*, d'artistes, de *pique-assiettes*... Gréco est *misérable*, *vit à la petite semaine*, *déménage à la cloche de bois*. Elle est aussi magnifique, fascine tout le monde. L'anecdote veut qu'un jour, faisant tomber son manteau dans un bar de la rue Dauphine, elle découvre une cave, propose d'y organiser des *cafés-concerts*. Ce sera le mythique Tabou, night-club où *défilèrent* les *zazous* (...) et les existentialistes. Tous se battent pour écrire des chansons pour elle. Sartre lui écrit «Rue des Blancs-Manteaux», elle chante «Je hais les dimanches» d'Aznavour.

6 (...) Juliette Gréco danse avec Merleau-Ponty, *scandalise* tout le monde, devient très proche de Françoise Sagan, multiplie les *conquêtes*. Elle rencontre Miles Davis, vit avec

---

Légendes **LE CLUB Saint-Germain** ehemaliger Jazzklub im Pariser Viertel Saint-Germain-des-Prés

0–1 **Il n'y a plus d'après (à Saint-Germain-des-Prés)** Titel eines von Gréco interpretierten Chansons – **disparition** (f.) h.: Tod – **bouger** s. bewegen – **pouvoir en dire autant** dasselbe von s. behaupten können – **allure** (f.) Erscheinungsbild; Aufmachung – **enroulé de noir** in Schwarz gehüllt – **surplomber qc** h.: etw. dominieren – **un regard de jais** tiefschwarze Augen – **qualifier qc de...** etw. als ... bezeichnen – **en un clin d'œil** auf den ersten Blick – **phrasé** (m.) Phrasierung

2–3 **paupière** (f.) Lid – **fard** (m.) Lidschatten – **noir corbeau** kohlraben-, tiefschwarz – **la dame en noir** Bezeichnung sowohl für Barbara als auch für Juliette Gréco – **obscurité** (f.) Düsternis – **la longue dame brune** Bezeichnung für Barbara – **trancher avec** in krassem Gegensatz stehen zu – **pétillement** (m.) h.: (schelmisches) Funkeln – **révolu** endgültig vorbei – **retracer** zurückverfolgen – **se plonger dans** eintauchen in – **lointain** h.: weit zurückliegend – **autant de** alles – **croiser qn** h.: mit jdm. verkehren – **le (Café de) Flore** in den Nachkriegsjahren von Intellektuellen frequentiertes, im Pariser Viertel Saint-Germain-des-Prés gelegenes Lokal

4–5 **petit rat** (m.) **(de l'Opéra)** junge Ballettschülerin an der Pariser Oper – **gifler** ohrfeigen – **embarquer qn** (fam.) jdn. festnehmen – **Fresnes** bei Paris gelegenes Gefängnis, das im Zweiten Weltkrieg der Gestapo zur Inhaftierung u. Folter von Widerstandskämpfern diente – **vivoter** s. irgendwie durchschlagen – **traîner** (péj.) s. herumtreiben – **intello** (m./f.) (fam.) Intellektuelle – **être en relève** Ausgang haben – **pique-assiette** (m./f.) Schnorrer/in – **misérable** bitterarm – **vivre à la petite semaine** von der Hand in den Mund leben – **déménager à la cloche de bois** heimlich ausziehen, ohne die Miete zu zahlen – **café-concert** (m.) h.: Varieté-Darbietung – **défiler** h.: verkehren – **zazou/e** (m./f.) junger exzentrisch gekleideter Jazzfan der 40er u. frühen 50er Jahre

6–7 **scandaliser** empören – **conquête** (f.) Eroberung

La chanteuse *et le trompettiste de jazz américain Miles Davis au Club Saint-Germain à Paris, en 1958.*
| PHOTO : *Getty Images*

le jazzman une histoire passionnée. Elle est blanche, il est noir, ils sont tous les deux magnifiques. Elle l'emmène dans un grand restaurant vide, où on leur dit que tout est complet. Gréco prend la main du maître d'hôtel, *crache* dedans et le splendide couple s'en va. Davis dira plus tard qu'il ne l'a pas épousée pour qu'aux États-Unis, elle ne passe pas pour une « *pute* » mariée à un noir. (…) Saint-Germain-des-Prés est alors le centre du monde. Et Gréco en est la reine. Les *gosses de riches* du monde entier viennent imiter son look d'*allumette carbonisée*, alors même que cette allure, elle l'avait *conçue faute de moyens* pour s'acheter des habits. (…)

7 L'âge adulte est là, et Gréco chante les jeunes auteurs que sont, alors, Georges Brassens, Léo Ferré (« *Jolie Môme* »), Serge Gainsbourg (« La Javanaise »), Brel (« J'arrive », « La Chanson des vieux amants »). C'est au milieu des années 60 qu'elle enregistre ce qui seront ses *tubes* les plus reconnaissables du grand public : « Un petit poisson, un petit oiseau » et « Déshabillez-moi ». Ces deux morceaux sont traversés par un esprit qui sera qualifié dans le monde entier de « très français ». Voilà ce qui caractérise le plus sa carrière : sa capacité à *franchir les barrières*, à les exploser. Muse des intellos, des « *branchés* » avant même que le mot n'existe, elle sera une véritable *vedette*, une star connue de tous. (…)

8 Juliette Gréco, c'était la *sophistication*, l'élégance, diffusée sur les *écrans* de l'*ORTF*, la promesse d'une vie parisienne folle et distinguée, cultivée. Mais également une figure de gauche, et pas seulement de la rive parisienne de la Seine. Elle a été proche du Parti communiste, puis *compagne de route* de combats humanistes (…). Gréco a *enchaîné les galas* pour *des causes liées aux droits de l'homme*, s'est levée médiatiquement contre le Front national, ou toute *boursouflure* d'extrême droite qui a toujours *jalonné* la société française de l'après-guerre. (…) Elle n'a jamais été auteur. Ses chansons les plus emblématiques sont celles des autres. (…) L'intelligence de Gréco aura été de savoir *s'entourer* comme il le fallait, et de renouveler ce *cheptel lettré* qui voulait la célébrer. (…)

Clément Ghys
23-9-2020 © Libération

cracher spucken – **pute** (f.) (péj./vulg.) Nutte – **gosses** (m. pl.) **de riches** (péj.) Kinder gut betuchter Eltern – **allumette** (f.) Streichholz – **carbonisé** abgebrannt – **concevoir** kreieren – **faute de moyens** da jd. nicht genug Geld hat – **jolie môme** (f.) (vieilli) reizender -, flotter Käfer – **tube** (m.) (fam.) Hit – **franchir les barrières** (fig.) s. über Grenzen hinwegsetzen – **branché/e** (fam.) h.: Mondäne – **vedette** (f.) Star
8 **sophistication** (f.) h.: Vollendung, Vornehmheit – **écran** (m.) (Fernseh-)Bildschirm – **ORTF = Office** (m.) **de radiodiffusion-télévision française** (frühere öffentlich-rechtliche Rundfunk- u. Fernsehanstalt Frankreichs) – **compagne** (f.) **de route** Weggefährtin – **enchaîner les galas** bei e-r Galaveranstaltung nach der anderen auftreten – **des causes** (f. pl.) **liées aux droits de l'homme** Menschenrechtsfragen – **boursouflure** (f.) h. (fig.): Erstarken – **jalonner** (fig.) kennzeichnen, prägen – **s'entourer (de)** s. umgeben (mit) – **cheptel** (m.) **lettré** intellektuelles Gefolge

« Je suis comme je suis » (1951)

Avant l'écoute

1. **Faites connaissance avec Juliette Gréco.**

a) **Observez ces photos et comparez-les. Quels sont les points communs entre les deux images ?**

Juliette Gréco *en 1964, lors d'un concert en Suède. Elle a alors 37 ans.*
À droite : la chanteuse sur la scène du théâtre du Châtelet à Paris, en 2007. Elle y célébrait ses 80 ans.
| PHOTOS : *Picture Alliance ; Getty Images*

b) **Lisez à présent le premier paragraphe du portrait de Juliette Gréco. Complétez votre description des photos en vous appuyant sur les informations contenues dans ce paragraphe.**

2. **Lisez ensuite les paragraphes 2 à 5. Indiquez si les affirmations suivantes sont vraies ou fausses puis justifiez votre réponse avec vos propres mots.**

a) Juliette Gréco ne faisait pas attention à son apparence. ◯ vrai ◯ faux

b) Même si elle était toujours habillée de noir, la chanteuse était en réalité plutôt joyeuse.
◯ vrai ◯ faux

c) Elle a fréquenté de grands écrivains, intellectuels et figures de la chanson française.
◯ vrai ◯ faux

d) Juliette Gréco a eu une enfance et une adolescence assez ordinaires. ◯ vrai ◯ faux

e) Le quartier de Saint-Germain-des-Prés, à Paris, était très hétéroclite en 1944. ◯ vrai ◯ faux

f) À la fin de la Seconde Guerre mondiale, Juliette Gréco a connu une situation précaire.
◯ vrai ◯ faux

____

____

g) Juliette Gréco a toujours eu le projet de devenir chanteuse. ◯ vrai ◯ faux

____

____

3. **La chanson « Je suis comme je suis » a été enregistrée en 1951. Comment était la situation des femmes en France à cette époque ? Faites quelques recherches. (50–100 mots)**

4. **Décrivez la photo montrant Miles Davis et Juliette Gréco (page 33). Quelle relation semblent entretenir les deux artistes ? (50–100 mots)**

Pendant l'écoute

5. **Écoutez la chanson « Je suis comme je suis » une première fois en entier.**

a) **À quel genre musical appartient-elle ?**

◯ au rap ◯ à la chanson française ◯ à la pop ◯ au rock ◯ au slam

b) **Qu'y a-t-il de spécial dans la façon de chanter de Juliette Gréco ? Commentez puis trouvez dans le premier paragraphe du portrait le passage qui décrit son style si singulier. (environ 50 mots)**

6. **Écoutez une nouvelle fois la chanson, du début à 0'39". Quels mots du vocabulaire du corps humain avez-vous entendus ? Cochez.**

◯ les yeux ◯ la peau ◯ les cheveux ◯ la bouche ◯ les lèvres ◯ les dents
◯ le nez ◯ le teint ◯ les jambes ◯ les oreilles

7. **Poursuivez l'écoute jusqu'à 1'17" puis complétez les paroles du refrain.**

Je suis comme je suis

Je suis ______________________ *comme ça*

Quand j'ai envie de ______________________

Oui, je ris aux éclats

*J'aime celui qui m'*______________________

Est-ce ma ______________________ *à moi*

Si ce n'est pas le ______________________

Que j'aime chaque fois ?

Je suis comme je suis

Je suis ______________________ *comme ça*

Que voulez-vous de ______________________ *?*

Que voulez-vous de ______________________ *?*

8. Poursuivez l'écoute jusqu'à 1'48". Complétez les paroles du 2e couplet avec les mots proposés.

changer • simplement • plaire • aimer • questionner • arrivé • quelqu'un • enfants

Qu'est-ce que ça peut vous faire

Ce qui m'est ______________________ *?*

Oui, j'ai aimé ______________________

Et quelqu'un m'a aimée

Comme les ______________________ *qui s'aiment*

______________________ *savent aimer*

Aimer, ______________________

Pourquoi me ______________________ *?*

Je suis là pour vous ______________________

Et n'y puis rien ______________________

© paroles 7. et 8.: page 38

9. Réécoutez le 2e couplet (à partir de 1'17") puis terminez l'écoute de la chanson. Quelle proposition vous semble correcte ?

a) La chanteuse a une relation amoureuse avec une personne qu'elle aime simplement. ◯

b) La chanteuse a vécu une histoire d'amour qui est maintenant terminée. ◯

c) La chanteuse a eu une aventure avec quelqu'un qu'elle a aimé quand elle était enfant. ◯

Après l'écoute

10. Faites part de vos impressions.

a) Selon vous, quel(s) adjectif(s) qualifie(nt) le mieux l'attitude de la chanteuse ?

◯ drôle ◯ joyeuse ◯ nostalgique ◯ agressive ◯ fière ◯ honnête

b) Citez les paroles de la chanson pour justifier votre choix.

____

____

____

11. En groupe, réfléchissez aux messages de la chanson : que cherche à exprimer Juliette Gréco au sujet de l'apparence physique et de la vie amoureuse ? Résumez votre réponse en quelques phrases.

L'apparence physique : ____

____

____

La vie amoureuse : ____

____

____

12. Les messages de cette chanson sont-ils encore actuels ? Discutez de cette question à l'oral en donnant des exemples.

13. Lisez le paragraphe 6 du portrait. La façon de vivre de Juliette Gréco pouvait être très choquante dans la France des années 50. Voici un exemple de lettre qui aurait pu être écrite à cette époque.

Ma chère … / Mon cher …,

Je viens d'entendre à la radio la dernière chanson de Juliette Gréco, « Je suis comme je suis ». Pour être honnête, je déteste cette chanson et cette chanteuse ! Tout d'abord, je la trouve prétentieuse. Et puis elle s'habille très bizarrement. Mais surtout, j'ai entendu dire qu'elle a déjà eu beaucoup d'aventures amoureuses, dont une avec un homme noir. Cette femme ne respecte vraiment rien ! As-tu déjà entendu cette chanson ? Est-ce que tu es du même avis que moi ?

Je t'embrasse,

Bernard

Écrivez une réponse à Bernard dans laquelle vous défendez la chanteuse. Vous expliquez pourquoi vous la trouvez courageuse et moderne. (50–100 mots)

14. En 2015, Juliette Gréco déclarait dans une interview* au journal l'Humanité : « Moi, je n'ai connu que la ferveur. Toute ma vie n'est que ferveur, refus, amour, combat. » Lisez la fin du portrait puis trouvez dans les paragraphes 6 à 8 des phrases qui pourraient justifier cette citation.

La ferveur : ______________________________

____

Le refus : ______________________________

____

L'amour : ______________________________

____

Le combat : ______________________________

____

* « Juliette Gréco : "Il faut se battre pour le bonheur" », l'Humanité, 01.09.2015

Pour aller plus loin

15. Vous connaissez à présent un peu mieux la vie qu'a menée Juliette Gréco. De quel mouvement politique et social la chanson « Je suis comme je suis » la rapproche-t-elle ?

____

____

16. Lisez la phrase suivante, extraite d'un article* publié à la mort de Juliette Gréco dans le magazine Télérama. Commentez cette phrase. (50–100 mots)

Gréco n'avait pas attendu les défilés féministes pour assumer la maîtrise de son corps, sa liberté amoureuse et sexuelle.

* « Juliette Gréco est morte : il n'y a plus d'après », de Valérie Lehoux, Télérama, 23.09.2020

Paroles
Écrites par : Jacques Prévert
Éditeur : Copyright Enoch and Cie/Edition Marbot GmbH bei PEER Musikverlag GmbH, Hamburg

Angèle, ou la pop spontanée venue de Belgique

Angèle *lors des Victoires de la musique en 2020. La chanteuse avait reçu le prix du meilleur concert de l'année pour sa tournée «Brol tour».* | PHOTO: *Getty Images*

Qui se cache derrière ce visage aux *traits* encore *enfantins*? Angèle, une jeune chanteuse belge qui, depuis 2018, fait souffler *un vent de fraîcheur* sur la pop francophone. Portrait d'une artiste *dans l'air du temps*.

1 ANGÈLE Van Laeken est *une enfant de la balle*. Elle est la fille de deux artistes belges : le chanteur Serge Van Laeken, Marka de son nom de scène, et la comédienne et humoriste Laurence Bibot. Son frère est Roméo Elvis, 26 ans, figure du rap belge également connue en France. À 5 ans, après avoir vu des enfants de sa classe participer à un cours de *solfège*, elle annonce à son père qu'elle veut apprendre la musique. Il la met alors entre les mains d'une professeure de piano, avec qui elle prendra des leçons une fois par semaine jusqu'à ses 18 ans. Cette rencontre, qui *a beaucoup compté pour* Angèle, donnera à la musique et au piano une place centrale dans sa jeune vie d'artiste.

2 Elle entre après le *bac* dans une école de jazz et fait parallèlement ses premiers pas sur scène pour accompagner son père *en tant que claviériste*. C'est à cette époque qu'elle commence à poster de très courtes vidéos sur les *réseaux sociaux,* où elle se fait connaitre en *reprenant*, au chant et au piano, des morceaux de différents artistes. Le succès des vidéos lui donne la possibilité de chanter ses propres chansons en *première partie* des concerts du rappeur belgo-congolais Damso.

3 Son premier single, «La loi de Murphy», *sort* fin 2017 et rencontre *immédiatement* un large public, avec un clip *visionné* plusieurs millions de fois. Deux autres singles, «Je veux tes yeux» et «La *Thune*», suivront en 2018 avec le même succès. Cette *ascension fulgurante* se concrétisera par de nombreux concerts lors des grands festivals de l'été ainsi que par l'accueil très enthousiaste de son album en octobre dernier.

4 S'agit-il d'un *parcours* classique et *évident* pour une fille d'artistes ? Non, car plusieurs choses expliquent le succès d'Angèle. Ce sont tout d'abord des influences *variées*. En novembre 2018, elle *confiait au* magazine Télérama : «Je suis de la génération streaming et Ipod. À l'âge de 12 ans, je me faisais des playlists dans lesquelles je mettais des morceaux électro écoutés par ma mère, des groupes anglais genre Clash, qu'adorait mon père, des classiques de jazz vocal, des chansons à la mode chez les gens de mon âge...». Angèle refuse de *se limiter à* un style musical particulier. Ses chansons partagent la même légèreté mais peuvent aussi *surprendre* par leur diversité, certains passages étant proches du rap, d'autres très mélodiques.

5 La force d'Angèle, ce sont aussi des clips originaux et poétiques : *bien entourée* et sûre de ses choix, la chanteuse *accorde* une grande *importance à* ses vidéos. Elles *contribuent à* former son univers spontané, *décalé* et drôle. *Cependant*, c'est la *maturité* artistique de la jeune femme qui *marque* le plus. À 23 ans, elle *compose* et écrit sa musique, et a *fondé* son propre label afin de *conserver* sa liberté de création. Elle *assume* une écriture simple, directe et veut que les gens comprennent le message de la chanson en une seule phrase.

6 Ses textes sont le *reflet* de sa génération : elle *aborde* beaucoup les réseaux sociaux mais aussi la solitude, l'homosexualité et le féminisme. Le clip de sa chanson «*Balance ton quoi*» parle par exemple avec *franchise* et humour du mouvement #MeToo et du sexisme dans le monde de la musique. Le titre de son album, «Brol», signifie «*désordre*» en *dialecte brabançon*. Mais plus on écoute ses chansons, plus on a l'impression qu'Angèle essaie de nous montrer un chemin dans la confusion du *quotidien*.

Sylvain Pousset

Légende **LES VICTOIRES** (f. pl.) **de la musique** (jährlich stattfindende frz. Musikpreisverleihung) – **tournée** (f.) Tour
0–3 **traits** (m. pl.) h.: (Gesichts-)Züge – **enfantin** kindlich – **un vent de fraîcheur** ein frischer Wind – **être dans l'air du temps** dem Zeitgeist entsprechen – **un/e enfant de la balle** ein Artistenkind – **solfège** (m.) musikalische Elementarlehre – **compter beaucoup pour qn** jdm. viel bedeuten – **bac = baccalauréat** (m.) Abitur – **en tant que** als – **claviériste** (m./f.) Keyboarder/in – **le réseau social** das soziale Netzwerk – **reprendre** h.: neu interpretieren – **la première partie** h.: das Vorprogramm – **sortir** h.: herauskommen – **immédiatement** sofort – **visionner** (Video) ansehen – **(avoir de la) thune** (fam.) Kies -, Kohle (haben), auch: **tune** – **ascension** (f.) Aufstieg – **fulgurant** rasant
4–5 **parcours** (m.) h.: Werdegang – **évident** h.: selbstverständlich – **varié** vielfältig – **confier qc à qn** jdm. etw. anvertrauen – **se limiter à qc** s. auf etw. beschränken – **surprendre** überraschen – **être bien entouré** gem.: die richtigen Berater -, - Mitarbeiter haben – **accorder de l'importance à qc** e-r S. Bedeutung beimessen – **contribuer à faire qc** dazu beitragen, etw. zu tun – **décalé** h.: unkonventionell, abgefahren – **cependant** jedoch – **maturité** (f.) Reife – **marquer (qn)** h.: (jdn.) beeindrucken – **composer** h.: komponieren – **fonder** gründen – **conserver** h.: bewahren – **assumer qc** zu etw. stehen
6 **reflet** (m.) Spiegelbild – **aborder** ansprechen – **Balance ton quoi** (in Anlehnung an #BalanceTonPorc, das frz. Pendant zur #MeToo-Bewegung), **balancer** h. (fam.): verpfeifen – **franchise** (f.) Offenheit, Freimütigkeit – **désordre** (m.) h.: Durcheinander – **le dialecte brabançon/le brabançon** (niederfränkischer Dialekt innerhalb des Niederländischen, u.a. in den belgischen Provinzen Antwerpen und Flämisch-Brabant gesprochen) – **quotidien** (m.) h.: Alltag

« Dans le monde musical, je sens un sexisme très fort »

1 « QUAND on parle de moi, beaucoup commencent par dire : "Elle a *un joli minois*". On ne le ferait pas avec un chanteur. » Cette phrase, lue dans Le Parisien en avril dernier, Angèle l'a répétée dans de nombreux médias. Dans le journal 20 Minutes, la jeune femme ajoute : « Et puis je n'aime pas le mot "minois", on dirait une petite chose un peu naïve ». Angèle *se méfie des* commentaires *flatteurs* sur son *physique* qu'elle peut lire dans la presse et s'interroge : ne serait-il pas plus intéressant de savoir qu'elle écrit, compose et produit ses musiques ?

2 « Dans le monde musical, je sens un sexisme encore très fort », déclarait-elle l'année dernière dans le magazine Télérama. « La femme est toujours *ramenée à* son physique. Qu'il soit flatteur ou pas, il la définit ! ». Des *maisons de disques* ont bien *tenté de* la *formater*. Mais pas question pour l'artiste belge d'être une *poupée de cire*. Très populaire sur les réseaux sociaux, elle s'amuse au contraire avec son image : on la voit ici, sur Instagram, avec d'*épais sourcils* ou là, dans le *livret* de son album, avec un morceau de salade entre les dents.

3 Sa *démarche* est la même dans le clip de sa chanson «*Balance ton quoi*», où elle *arbore*, dans l'une des scènes, de longs *poils* sous les bras. « Les gens me *disent à demi-mot*/ Pour une fille belle, *t'es pas si bête*/Pour une fille drôle, t'es pas si *laide* », chante-t-elle. *Clin d'œil à* tous ceux qui veulent la réduire à ce « joli minois », cette chanson *dénonce* le sexisme ordinaire, qu'il s'exprime dans la rue ou dans les textes souvent *crus* des rappeurs. Pour le combattre, Angèle a sorti ses deux armes : l'humour et le talent.

Laure Wallois
Juin 2019 © Revue de la Presse

1–2 **UN JOLI minois** ein hübsches Gesichtchen – **se méfier de qn/qc** jdm./e-r S. misstrauen – **flatteur, -euse** schmeichelhaft – **physique** (m.) h.: Äußeres, Erscheinungsbild – **ramener qn à qc** jdn. auf etw. reduzieren – **la maison de disques** die Plattenfirma – **tenter de faire qc** versuchen, etw. zu tun – **formater qn** jdn. in ein Schema pressen – **la poupée de cire** die Wachspuppe – **épais, épaisse** dick – **sourcil** (m.) Augenbraue – **livret** (m.) h.: Booklet
3 **démarche** (f.) h.: Vorgehensweise – **Balance ton quoi** (in Anlehnung an #BalanceTonPorc, das frz. Pendant zur #MeToo-Bewegung), **balancer** h. (fam.): verpfeifen – **arborer** zur Schau tragen – **poil** (m.) h.: Achselhaar – **dire qc à demi-mot** etw. andeuten – **t'es pas si bête** du bist gar nicht so dumm – **laid** hässlich – **un clin d'œil à qn** gem.: e-e an jdn. gerichtete Anspielung, **clin d'œil** Augenzwinkern – **dénoncer** anprangern – **cru** roh, h.: derb

« Balance ton quoi » (2018)

Avant l'écoute

1. **Découvrez le portrait d'Angèle : regardez la photo puis lisez le titre, l'introduction et le premier paragraphe de l'article. Présentez la chanteuse en quelques phrases. (environ 50 mots)**

2. **Indiquez si les affirmations suivantes sont vraies ou fausses. Justifiez vos réponses en reformulant ces phrases.**

a) Angèle a appris la musique à l'école avec des enfants de sa classe. ◯ vrai ◯ faux

____

____

b) Angèle a appris à jouer de la guitare avec une professeure. ◯ vrai ◯ faux

____

____

c) Angèle a pris des cours de musique régulièrement pendant toute son enfance et adolescence.
◯ vrai ◯ faux

____

____

3. Lisez maintenant les paragraphes 2 et 3. Classez les événements suivants dans l'ordre chronologique.

A Après avoir participé à des festivals pendant l'été 2018, Angèle sort son premier album.

B Elle sort son premier single, « La loi de Murphy ».

C Angèle intègre une école de jazz après avoir passé son bac.

D Angèle chante en première partie des concerts du rappeur Damso.

E Elle accompagne son père sur scène et commence à diffuser des reprises sur les réseaux sociaux.

F Ses singles « Je veux tes yeux » et « La Thune » rencontrent le même succès que « La loi de Murphy ».

Ordre chronologique : ________ • ________ • ________ • ________ • ________ • ________

4. Lisez les paragraphes 4 et 5. Choisissez pour chacune des propositions la phrase qui correspond au contenu du texte.

A **a)** Angèle a un style musical simple et répétitif. ◯
b) Angèle s'inspire de divers styles musicaux. ◯

B **a)** Angèle écrit des chansons aux textes clairs et simples. ◯
b) Angèle écrit des chansons aux textes complexes et recherchés. ◯

C **a)** Angèle est encore jeune et cela se remarque dans sa musique et ses clips. ◯
b) Angèle est encore jeune, mais elle gère sa carrière musicale avec une grande maturité. ◯

5. Lisez le dernier paragraphe du portrait puis décrivez cette image.

| PHOTO : *Getty Images*

6. La chanson « Balance ton quoi » fait référence au hashtag #BalanceTonPorc *(Verpfeif dein Schwein)*. Il s'agit de la version française du mouvement #MeToo. Que savez-vous à ce sujet ? Faites des recherches sur Internet au besoin. (50–100 mots)

Pendant l'écoute

7. Écoutez la chanson « Balance ton quoi » une première fois en entier. Décrivez la voix de la chanteuse et l'atmosphère de la chanson.

____

____

____

____

____

8. Réécoutez la chanson jusqu'à 0'34''. Entourez les mots que vous avez entendus dans le 1er couplet et le pré-refrain.

animal • musique • rap • dix-huit • normal • codes • brutal • sale • banal • balance

9. Poursuivez l'écoute jusqu'à 1'40''.

a) Complétez les paroles du 2e couplet.

Les gens me disent à demi-mot :

« Pour une fille ____________________ *, t'es pas si* ____________________

Pour une fille ____________________ *, t'es pas si* ____________________

Tes parents et ton frère, ça ____________________ *»*

Oh, tu parles de moi ?

C'est quoi ton ____________________ *?*

J'ai écrit rien qu'pour ____________________ *le plus beau des* ____________________

© paroles : page 44

b) Relevez et reformulez les trois remarques sexistes que dénonce Angèle dans ce couplet.

- ______________________________

  ____

- ______________________________

  ____

- ______________________________

  ____

c) Dans le refrain, quel message Angèle adresse-t-elle aux auteurs de remarques et comportements sexistes ? (environ 50 mots)

10. Terminez l'écoute de la chanson puis réécoutez la conclusion (à partir de 2'47").

a) Faites une croix sur la ligne pour indiquer la réponse que ferait Angèle à la question suivante : « Est-ce que le sexisme disparaîtra bientôt ? »

Non ______________________________ Oui

b) Justifiez votre choix en citant la conclusion.

____

____

Après l'écoute

11. Quelle phrase correspond le mieux au message de la chanson ?

a) Le sexisme envers les femmes est surtout présent dans le monde de la musique. ○

b) Angèle en a assez de devoir supporter des remarques et des comportements sexistes. ○

c) Si on fait preuve de patience, le sexisme disparaîtra dans les prochaines années. ○

12. Lisez le texte «Dans le monde musical, je sens un sexisme très fort». Angèle a fait l'expérience de deux autres formes de sexisme. Lesquelles ?

- ______________________________
  ____
- ______________________________
  ____

13. Regardez le clip de la chanson jusqu'à 0'21''. Décrivez la tenue et l'attitude d'Angèle, puis observez son geste final. Qu'est-ce qui est surprenant ? Commentez. (environ 100 mots)

YouTube Angèle, «Balance ton quoi» (Clip officiel), 15.04.2019

14. Poursuivez le visionnage du clip jusqu'à la fin. Comment Angèle se met-elle en scène dans cette vidéo ? Donnez des exemples concrets. (environ 50 mots)

15. En plus de l'humour, Angèle nous montre, dans son clip, un autre moyen pour lutter contre le sexisme. Lequel ?

____

16. Qui est responsable du sexisme selon ce clip ? Cochez la bonne réponse puis justifiez votre choix. (50–100 mots)

a) les femmes ◯ **b)** les hommes ◯ **c)** la société ◯

17. Et vous, qu'en pensez-vous ? Qui est responsable du sexisme ? Discutez de cette question avec votre voisin(e) ou en groupe.

Pour aller plus loin

18. En petits groupes, faites la liste des situations de sexisme ordinaire (à l'école, dans la rue, au travail…). Choisissez ensuite une de ces situations et proposez des solutions pour la combattre.

Paroles
Écrites par : Angèle Van Laeken/Veence Hanao
Éditeur : Copyright Warner Chappell Music France/Angèle VL/Neue Welt Musikverlag GmbH, Hamburg

Chanter son pays natal

Jacques Brel

« Le Plat Pays »

(1962)

Gaël Faye

« Petit pays »

(2017)

Jacques Brel : quand un rebelle devient un classique

Jacques Brel *(1929–1978).*
| PHOTO: *Getty Images*

Le chanteur du *plat pays* fut un interprète inoubliable et un artiste qui vécut intensément. En 2003, à l'occasion du 25e anniversaire de sa mort, la Revue de la Presse se souvenait du grand Jacques.

1 IL A ÉTÉ excessif en tout. Il travaillait comme un *fou*, fumait trop, buvait trop, parlait beaucoup, dormait peu et *collectionnait les amours*. Il a vécu plusieurs vies en une. Il *s'est dépensé sans compter* avec un mélange d'anarchie et de discipline. C'est parce qu'il *est allé au bout de ses rêves* que Brel continue de fasciner.

2 Pourtant, quand le grand Jacques a débuté, accompagné de sa guitare, personne ou presque ne voulait croire en lui. C'est peu à peu qu'il s'est découvert un immense talent de *bête de scène* et qu'il a su *conquérir* son public. Couvert de gloire, il aurait pu être satisfait. Mais la chanson ne lui a pas suffi. Toujours à la recherche d'une étoile, l'enfant passionné qu'il était resté avait besoin de partir pour d'autres aventures. Pas question pour lui de *se figer* dans la pose de la star.

3 Né à Bruxelles le 8 avril 1929, ce fils de bourgeois a eu vite envie d'*aller voir ailleurs :* d'oublier l'atmosphère de la *cartonnerie* familiale Vanneste & Brel, de sortir des limites d'une existence catholique et bien ordonnée. *Adolescent*, il *tient un journal intime*, fait du théâtre dans la troupe du collège, écrit des nouvelles, des poèmes et déjà des chansons.

4 Parfois, il emmène les copains dans la voiture de son père jusqu'à la mer, jusqu'à *Anvers*. Belgique je t'aime, Belgique je te *hais!* Au printemps 1953, il quitte sans *regrets* le plat pays pour aller chanter à Paris. Il a 24 ans, il n'est pas beau, il se produit dans les cabarets parisiens et on lui dit qu'il devrait faire autre chose. Il résiste. Au milieu des années 50, ses premiers disques sortent en France. Sa femme, dont il aura trois filles, le *soutient* de Bruxelles. Il rencontre Georges Brassens, Juliette Gréco, Charles Arnazour, Barbara…

5 La carrière du chanteur Jacques Brel a été courte. 15 ans de concerts, de tournées, d'une vie à toute vitesse. À partir de 1957, il triomphe, il a trouvé son style, sa voix, le ton qui lui ressemble. Rebelle, pathétique, satirique, provocant, méchant ou tendre quand il veut, et surtout profondément humain. Il chante des histoires à faire rire et pleurer. Il se moque des Belges, des bourgeois, de l'Église, des conformistes de tous horizons. Il observe les gens autour de lui. Et peint une galerie de portraits inoubliables : Fernand, Madeleine, Marieke, la Fanette et Jojo, en souvenir de l'ami Georges Pasquier… Il a assez de génie pour peupler un univers entier.

> *Ce qui compte dans une vie, c'est l'intensité d'une vie, ce n'est pas la durée d'une vie.*
>
> JACQUES BREL

6 Pourtant, en 1966, Brel décide d'arrêter de chanter. Il veut prendre le temps de respirer un peu, et vivre d'autres passions. Il jouera donc une dizaine de rôles au cinéma, sera le compositeur de la comédie musicale « L'Homme de la Mancha » (1968), puis le *metteur en scène* des films « Franz » (1972) et « Far West » (1973). Il lui faut *bouger*, toujours bouger pour ne pas mourir, pour se sentir vivre. *Se battre contre des moulins à vent* s'il le faut, en Don Quichotte. Conduire un avion en professionnel, et traverser les océans en bateau, seul avec les éléments. La fin de sa vie, il la passera surtout aux *îles Marquises* où, déjà malade, il arrivera en novembre 1975 avec Maddly, sa dernière *compagne*.

7 « Ce qui compte dans une vie, c'est l'intensité d'une vie, ce n'est pas la durée d'une vie », disait-il. Son dernier album sort en automne 1977. Un an plus tard, le 9 octobre 1978, il meurt à 49 ans d'un *cancer du poumon,* près de Paris. Il *repose* sur l'île de Hiva Oa, l'une des Marquises, à l'ombre des jasmins, non loin du peintre Paul Gauguin. Les jeunes d'aujourd'hui étudient ses textes à l'école et à l'université. L'acteur Dominique Horwitz et tant d'autres interprètent les chansons *immortelles* de celui qui ne chantait jamais les chansons des autres : « Amsterdam », « La Valse à mille temps », « Ne me quitte pas », « Quand on n'a que l'amour »… Il est bien vivant, le grand Jacques.

Sonia Nowoselsky

0–3 **LE PLAT PAYS** das Flachland, h.: Belgien (Titel e-s 1962 erschienenen Chansons, Brels Hommage an s-e Heimat) – **fou/fol, folle** verrückt – **collectionner les amours** gem.: ständig auf Liebesaffären aus sein – **se dépenser sans compter** s. verausgaben – **aller au bout de ses rêves** gem.: seine Träume verwirklichen – **la bête de scène** d. Künstler, der auf der Bühne Glanzleistungen vollbringt – **conquérir** erobern – **se figer** erstarren, h. (fig.): verharren – **aller voir ailleurs** gem.: s. nach neuen Gefilden umsehen, **ailleurs** woanders – **cartonnerie** (f.) Kartonagenfabrik – **l'adolescent/e** (m./f.) d. Jugendliche – **tenir un journal intime** ein Tagebuch führen
4–7 **Anvers** Antwerpen – **haïr** hassen – **regret** (m.) Bedauern – **soutenir** unterstützen – **metteur/-euse** (m./f.) **en scène** Regisseur/in – **bouger** s. bewegen – **se battre contre des moulins à vent** gegen Windmühlen kämpfen – **les îles Marquises** Inselgruppe im Pazifik (Französisch-Polynesien) – **compagne** (f.) Lebensgefährtin **(le compagnon)** – **cancer** (m.) **du poumon** Lungenkrebs – **reposer** ruhen – **immortel, -elle** unsterblich

Avant l'écoute

«Le Plat Pays» (1962)

1. **Sous la forme d'un court monologue, présentez votre région ou votre ville. Aidez-vous au besoin de cette liste de mots et expressions.**

se trouver, être situé à / en • être près, loin de

dans le nord, l'ouest, le sud, l'est de • au nord, à l'ouest, au sud, à l'est de

en ville, à la campagne • la mer, le fleuve, le lac, la montagne • le climat, le temps

les monuments historiques • les attractions / sites touristiques • les musées

les spécialités culinaires • les traditions locales • les habitants

la vie quotidienne • les activités culturelles et sportives

2. **La Belgique**

a) **Faites des recherches sur Internet puis rédigez un portrait de ce pays francophone. La liste de thèmes suivante pourra vous aider. (150–200 mots)**

la situation géographique • les pays limitrophes • la superficie • la population • les villes principales • les Régions • les fleuves • le relief • le climat • les langues officielles

La Belgique *et ses trois Régions : la Flandre (Vlaanderen), la Wallonie et Bruxelles-Capitale.*
| CARTE : *Getty Images*

b) Mettez-vous par deux et échangez au sujet de la Belgique. Voici quelques questions qui pourront guider votre conversation :

- Que savez-vous sur la Belgique ?
- Avez-vous déjà rencontré des personnes originaires de ce pays ?
- Êtes-vous déjà allé en Belgique ? Y avez-vous déjà passé des vacances ?
- Si oui, quels souvenirs gardez-vous de votre séjour ? Si non, quels lieux iriez-vous visiter lors d'un premier séjour en Belgique ?

3. Imaginez que vous êtes assis sur la plage, au bord de la mer du Nord. À quels substantifs pensez-vous lorsque vous lisez les adjectifs suivants ? Notez-les.

a) gris, e ______________________

b) bleu, e ______________________

c) déchaîné, e ______________________

d) jaune ______________________

e) blanc, blanche ______________________

f) noir, e ______________________

g) bas, basse ______________________

h) haut, e ______________________

i) fort, e ______________________

j) vert, e ______________________

4. Lisez maintenant le portrait de Jacques Brel. On pourrait comparer la vie de l'artiste au déferlement des vagues sur la plage. Démontrez la pertinence de cette comparaison à l'aide de l'article. (150–200 mots)

Pendant l'écoute

5. Écoutez la chanson « Le Plat Pays » une première fois en entier. Répondez en quelques lignes aux questions suivantes.

a) Quels instruments de musique reconnaissez-vous ?

____

____

____

b) Comment décririez-vous la voix du chanteur ?

______

______

______

c) Quelles sont vos premières impressions après l'écoute de cette chanson ?

______

______

______

6. **Écoutez la chanson une deuxième fois en entier puis répondez aux questions ci-dessous. Travaillez d'abord seul(e), échangez ensuite vos réponses avec votre binôme et présentez enfin vos résultats devant la classe.**

a) Voici une liste de mots : entourez ceux que vous avez entendus. Vous pouvez aussi noter d'autres mots ou expressions contenus dans la chanson.

plage • vague(s) • océan • mer • vent • ciel • soleil • bleu • gris • bas, basse • clair • dunes • pays • marée(s) • montagnes • rivière • pluie • doré • brillant • noirs

Autres mots ou expressions : ______

______

b) Relisez les mots que vous avez entendus. Donnent-ils une image positive de la Belgique ? (environ 50 mots)

c) Chaque couplet de la chanson se termine par la ligne « Le plat pays qui est le mien ». Mettez ce vers en rapport avec la question précédente et commentez-le. (environ 100 mots)

7. Dans le 1er couplet, le mot « vague » est employé à plusieurs reprises, avec différentes significations. Notez le sens des expressions en gras.

a) *Avec la mer du Nord pour dernier* ***terrain vague***

______

b) *Et* ***des vagues de dunes*** *pour arrêter* ***les vagues***

- ______________________________
- ______________________________

c) *Et* ***de vagues rochers*** *que les marées dépassent*

____

Après l'écoute

8. Que signifient les lignes suivantes ? Mobilisez vos connaissances sur la Belgique et faites des recherches supplémentaires au besoin. (environ 50 mots par ligne)

a) *Avec des cathédrales pour uniques montagnes* (2e couplet)

b) *Avec Frida la Blonde quand elle devient Margot* (couplet final)

c) *Avec de l'Italie qui descendrait l'Escaut* (couplet final)

© *paroles 7. et 8.: page 51*

9. Quel titre autre que « Le Plat Pays » pourrait convenir à cette chanson selon vous ? Cochez l'une des trois réponses ou proposez un autre titre. Justifiez votre réponse.

a) ◯ Mon pays, mon amour

b) ◯ Mon pays, c'est moi

c) ◯ Mon pays contre vents et marées

d) ◯ Autre proposition : ______________________________

Justification : ______________________________

____

10. Approfondissez votre compréhension de la chanson : citez les mots et expressions des paroles qui correspondent aux thèmes suivants.

a) la monotonie : ______________________________

____

b) la solitude, le vide : ______________________________

____

c) la mélancolie : ______________________________

____

d) le mouvement : ______________________________

____

e) la stabilité : ______________________________

____

**Mettez-vous par groupes de quatre puis répondez aux questions 11 à 14.
Présentez ensuite vos réponses devant la classe.**

11. Analysez les figures de style employées dans la chanson en vous aidant de la liste suivante. (environ 150 mots)

l'anaphore • le parallélisme • la métaphore • la personnification

12. Caractérisez la façon dont Jacques Brel présente son pays natal. (environ 150 mots)

13. « Le Plat Pays » est-elle une chanson triste d'après vous ? Justifiez votre réponse. (environ 100 mots)

14. Voici un hendécamot *(Elfchen)* que Jacques Brel aurait pu écrire sur son pays natal. Écrivez à votre tour un hendécamot sur la Belgique ou sur votre région/ville. Pour cela, mobilisez les connaissances que vous avez acquises tout au long de cette fiche de travail.

Belgique
Plat, unique
Le vent souffle
Le cœur se réchauffe
Amour

Pour aller plus loin

15. Regardez le clip de la chanson « Saint-Denis » (2006) du slameur français Grand Corps Malade. Montrez comment ce dernier rend hommage à Saint-Denis, ville de la région parisienne dans laquelle il a grandi. Quelles facettes de Saint-Denis sont évoquées ? Comparez ce slam avec la chanson « Le Plat Pays ».

 **YouTube** Grand Corps Malade, « Saint-Denis » (Clip officiel), 14.09.2013

16. « Heureux qui, comme Ulysse, a fait un beau voyage, … ». Ainsi commence l'un des plus célèbres sonnets de Joachim Du Bellay, poète français du XVIe siècle. Dans ce poème écrit lors d'un séjour à Rome, Du Bellay se souvient avec mélancolie de Liré, son village natal situé dans l'ancienne province de l'Anjou.

Comparez ce sonnet avec la chanson « Le Plat Pays ».

 https://fr.wikipedia.org/wiki/Les_Regrets : Du Bellay, « Les Regrets », sonnet 31 (rubrique « Extrait »)

Gaël Faye : « Dans l'écriture, j'ai trouvé un pays »

Le rappeur, *slameur et écrivain franco-rwandais Gaël Faye lors d'un concert à New York en 2020.*
| PHOTOS : *Gaël Faye, « Petit pays » © Éditions Grasset & Fasquelle, 2016 ; Getty Images*

Figure du rap et du slam francophone, Gaël Faye a fait sensation en 2016 avec son premier roman « Petit pays ». À travers l'histoire du jeune Gaby, l'artiste franco-rwandais raconte ses souvenirs d'enfance au Burundi, pays d'Afrique centrale qu'il a quitté à l'âge de treize ans pour *fuir* la guerre civile.

1 QUAND il était petit, Gaël Faye n'aimait ni lire ni écrire. Et puis un jour, à 13 ans, il commence à *composer* ses premiers textes : « J'ai écrit parce que j'avais peur de ce qui se passait autour de moi ». Il y a tout juste un an, à Rennes, le Franco-Rwandais de 35 ans recevait le Prix Goncourt des lycéens pour son premier roman « Petit pays » et racontait, d'une voix *posée* face à un jeune public, sa rencontre avec la littérature.

2 Comme son personnage Gaby dans « Petit pays », récit aux *tonalités* autobiographiques, Gaël Faye a trouvé dans les mots un *refuge* au début des années 90. Au moment où son pays, le Burundi, aussi « petit » que le Rwanda voisin, s'engageait dans un conflit ethnique entre Hutus et Tutsis. La guerre civile burundaise puis le génocide des Tutsis au Rwanda en 1994 *ont mis fin aux* bonheurs de son enfance. Elle qui était aussi *douce* et *vivante* que les couleurs et les parfums d'Afrique décrits par Gaby dans le roman. Jusqu'à ce que la mort *s'engouffre* peu à peu *dans « l'impasse »,* le paradis du *narrateur.*

3 C'est là, dans un quartier résidentiel de Bujumbura, la capitale du Burundi, que grandit Gaby avec sa petite sœur. Ses copains de l'impasse, avec lesquels il s'amuse à *voler* des mangues dans les jardins des voisins, vivent comme lui dans un milieu privilégié. L'un a un père professeur d'université, l'autre est fils de diplomate. Celui de Gaby dirige une usine d'*huile de palme* et a quitté *sa France natale* pour le Burundi où il a *épousé* Yvonne, une *réfugiée* rwandaise. Comme sa mère, Gaby sera bientôt amené à *abandonner* la terre de son enfance.

4 « Je voulais parler de tous ces gens qui arrivent d'ailleurs (...), qui fuient parfois des conflits, des guerres, mais qui ont laissé des bonheurs, des familles, des amis », explique Gaël Faye. Au-delà du *génocide*, raconté à travers le quotidien *insouciant* d'un garçon d'une dizaine d'années, le sentiment de *déracinement* et la question de l'identité parcourent le roman. Gaby est perdu. Est-il Français ? Rwandais ? Burundais ? Ou n'y a-t-il *désormais* plus que des Hutus contre des Tutsis comme le pense son *pote* Gino ?

5 Toutes les interrogations du personnage *résonnent avec* celles de Gaël Faye, non pas l'écrivain, mais le rappeur cette fois. Car avant de devenir l'une des *révélations* littéraires de l'année 2016, ce dernier s'est fait un nom, il y a quelques années, sur la scène du rap francophone. Et « Petit pays » était *à l'origine* l'un des titres de son premier album solo « Pili Pili sur un croissant au beurre », sorti en 2013.

6 Dans un style entre rap et slam, il y évoque ses *racines* bien sûr, mais aussi son *rapport* à la France. Ce pays qu'il *fantasmait* au Burundi, qu'il découvre en 1995, et qu'il *associe à* « l'asile, l'absence et l'exil » dans son premier *opus*. Gaël Faye, alors adolescent, s'installe avec sa famille en banlieue parisienne, où naît sa passion pour le rap et le hip hop. Plus tard, il s'inscrit en école de commerce puis fait un bref passage par la City de Londres. Mais cette vie de bureau n'est pas pour lui, explique-t-il dans la chanson « Qwerty ». Il décide alors de *se consacrer* pleinement *à* la musique et l'écriture, dans laquelle il affirme avoir « trouvé un pays ».

7 Dans ses textes, *le tiraillement* entre l'Afrique et la France, les souvenirs d'enfance et *les tourments* du *métissage* sont *omniprésents*. Tout comme le poids du génocide, qu'il compare dans « Petit pays » à une *marée noire* : « ceux qui ne *s'y* sont pas *noyés* sont *mazoutés* à vie » fait-il dire à Gaby. Depuis 2015, l'artiste vit au Rwanda avec sa femme et ses deux filles. Il milite activement aux côtés des *époux* Gauthier, *surnommés* « les Klarsfeld du Rwanda », qui *traquent* les *génocidaires présumés*.

Laure Wallois

Novembre 2017 © Revue de la Presse

« Petit pays », de Gaël Faye, Éditions Grasset, 2016, 217 pages.

0–2 **FUIR** fliehen – **composer** h.: verfassen – **posé** h.: ruhig – **tonalité** (f.) h.: Anklang – **refuge** (m.) Zuflucht – **mettre fin à qc** e-r S. ein Ende setzen – **doux, douce** h.: geborgen, behütet – **vivant** h.: lebhaft – **s'engouffrer dans qc** (fig.) in etw. eindringen, - Einzug halten – **impasse** (f.) Sackgasse – **narrateur/-trice** (m./f.) Erzähler/in

3–4 **voler** h.: stehlen – **l'huile** (f.) **de palme** das Palmöl – **sa France natale** gem.: sein Geburtsland Frankreich – **épouser** heiraten – **le/la réfugié/e** der Flüchtling – **abandonner** verlassen – **génocide** (m.) Völkermord – **insouciant** unbekümmert – **déracinement** (m.) Entwurzelung – **désormais** nunmehr – **pote** (m.) (fam.) Kumpel, Freund

5–6 **résonner avec qc** h.: mit etw. im Einklang stehen, s. mit etw. decken – **révélation** (f.) h.: Entdeckung – **à l'origine** ursprünglich – **racines** (f. pl.) h. (fig.): Wurzeln – **rapport** (m.) h.: Beziehung – **fantasmer qc** gem.: s. etw. in seinen Fantasien ausmalen – **associer qc à qc** etw. mit etw. verbinden – **opus** (m.) Werk, h.: Album – **se consacrer à qc** s. e-r S. widmen

7 **le tiraillement** das Hin- und Hergerissensein, gem.: der innere Konflikt – **les tourments** (m. pl.) die (seelischen) Qualen, h. gem.: die schmerzvolle Erfahrung – **métissage** (m.) h.: kulturelle Vermischung – **omniprésent** allgegenwärtig – **la marée noire** die Ölpest – **se noyer** ertrinken – **mazouté** ölverseucht – **les époux** (m. pl.) h.: das Ehepaar – **surnommer qn...** jdm. den Beinamen ... geben – **traquer** verfolgen – **le génocidaire** der am Genozid beteiligte Täter – **présumé** mutmaßlich

LE BURUNDI – REPÈRES

Population (2019) : 11,6 millions d'habitants

Langues officielles : français et kirundi

Géographie : Situé en Afrique centrale dans la région des Grands Lacs, le Burundi est l'un des plus petits États du continent (27 834 km²). Ses *pays limitrophes* sont le Rwanda, la Tanzanie et la République démocratique du Congo.

Principales villes :
Bujumbura, capitale économique; Gitega, capitale politique depuis 2019

Dates clés :
Ancienne colonie belge, le Burundi devient indépendant en 1962. Son histoire est marquée par les conflits ethniques entre Hutus (majoritaires dans la population) et Tutsis (minoritaires, mais traditionnellement au *pouvoir*). L'*assassinat* du premier président hutu, Melchior Ndadaye, en octobre 1993, est suivi de massacres et *déclenche* une guerre civile, qui fera plus de 300 000 morts jusqu'en 2006. La *Constitution* du Burundi prévoit depuis 2005 des quotas entre les ethnies dans les institutions politiques, administratives et militaires, mais le pays reste instable. Il connaît en 2015 une nouvelle crise politique lors de l'élection, pour un troisième *mandat,* de son président Pierre Nkurunziza.

Économie :
Le Burundi est l'un des pays les plus pauvres du monde. Aujourd'hui, les trois quarts de sa population vivrait sous *le seuil de pauvreté*. Son économie, agricole, *repose* principalement *sur* les exportations de café et de thé.

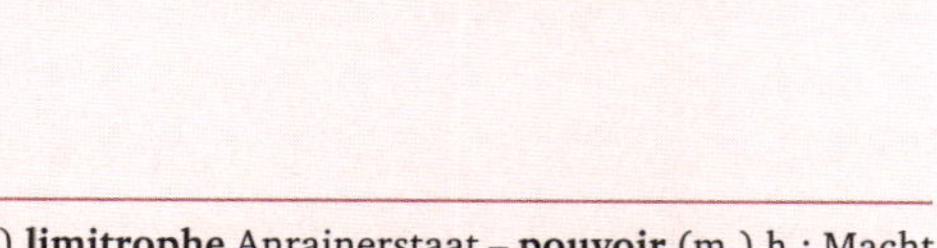
2021 © Revue de la Presse
(Sources: Jeune Afrique, Radio France Internationale)

PAYS (m.) **limitrophe** Anrainerstaat – **pouvoir** (m.) h.: Macht – **assassinat** (m.) Ermordung – **déclencher** auslösen – **Constitution** (f.) Verfassung – **mandat** (m.) Amtszeit – **le seuil de pauvreté** die Armutsgrenze – **reposer sur qc** auf etw. beruhen

Avant l'écoute

«Petit pays» (2017)

1. **Regardez cette photo, lisez sa légende, puis répondez aux questions ci-après.**

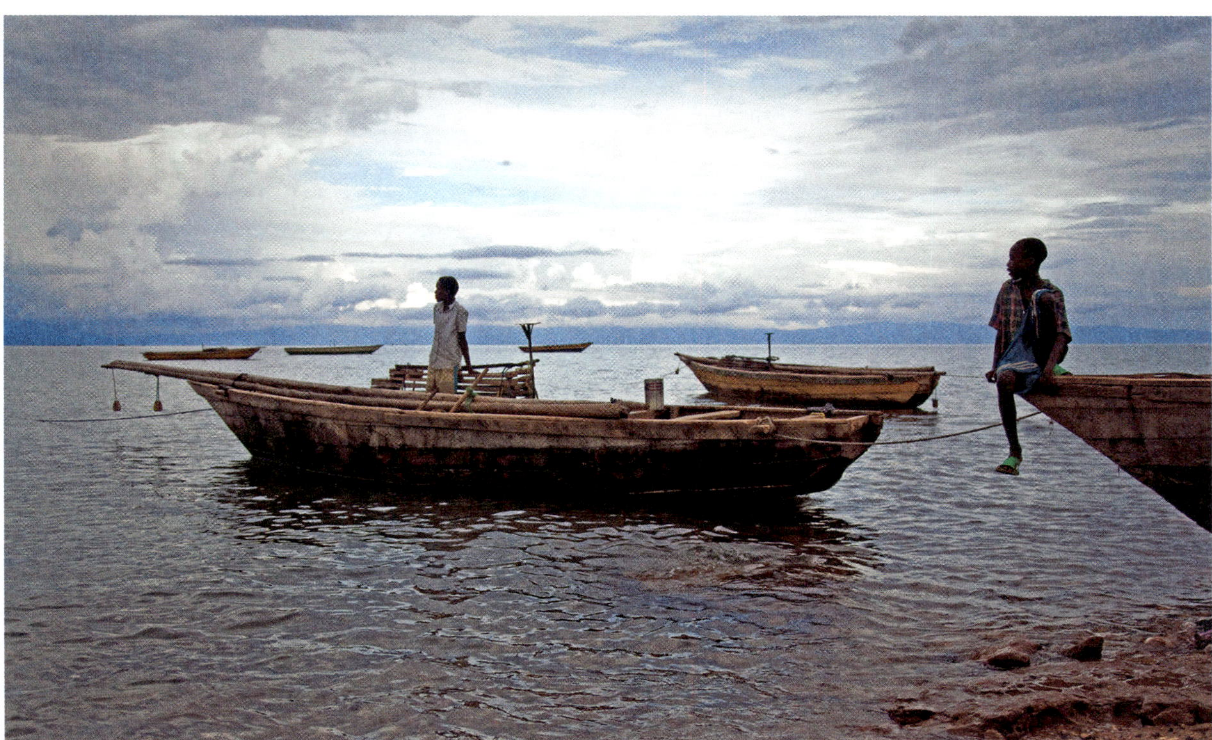

Sur le lac Tanganyika, *au Burundi (Afrique centrale).* | PHOTO : *Picture Alliance*

a) **Décrivez cette photo. Quelle atmosphère s'en dégage ?**

____

____

____

____

____

____

b) **Mettez-vous à la place de l'un des deux garçons de la photo : quelles sont vos pensées, vos rêves ? Écrivez un court monologue à la première personne. (environ 50 mots)**

2. **Lisez les questions suivantes. Essayez d'abord d'y répondre seul(e), puis échangez vos idées avec votre voisin(e). Présentez ensuite vos réponses communes devant la classe.**

a) **Pourquoi, d'après vous, des Africains quittent leur pays pour s'installer en Europe ? Donnez au moins trois réponses.**

b) **Quelles difficultés les émigrés africains rencontrent-ils lorsqu'ils s'installent en Europe ? Donnez au moins trois réponses.**

3. **Lisez le portrait de Gaël Faye. Notez dans le tableau trois périodes (ou moments) de bonheur et trois épreuves (ou difficultés) vécus par l'artiste.**

périodes / moments de bonheur	épreuves / difficultés
• ____________	• ____________
____________	____________
• ____________	• ____________
____________	____________
• ____________	• ____________
____________	____________

Pendant l'écoute

4. Écoutez la chanson « Petit pays » une première fois en entier.

a) Décrivez la mélodie, la voix de Gaël Faye, le rythme et l'accompagnement musical en choisissant des adjectifs de cette liste. Vous pouvez, si vous le souhaitez, proposer d'autres adjectifs.

doux/douce • triste • mélancolique • gai/e • simple • lent/e • expressif/-ive • monotone • grave • accentué • irrégulier/-ière • romantique • clair/e • rapide • larmoyant/e • aigu/ë

la mélodie ______________________

la voix de Gaël Faye ______________________

le rythme ______________________

l'accompagnement musical ______________________

b) Quelles sont vos impressions après cette première écoute de la chanson ? Cochez une ou plusieurs réponses.

- ◯ J'ai l'impression que le chanteur déclame un poème.
- ◯ Je trouve la musique très agressive.
- ◯ Cette chanson me fait penser à du rap ou du slam.
- ◯ On dirait que le chanteur s'adresse au « petit pays ».
- ◯ La musique domine le texte selon moi.

c) Le refrain de la chanson est en kirundi, langue officielle du Burundi avec le français. Quel effet cela produit-il ? Pourquoi Gaël Faye a-t-il fait ce choix selon vous ? (environ 50 mots)

5. Réécoutez le début de la chanson jusqu'à 1'11".

a) Notez les mots et/ou expressions du 1er couplet qui correspondent à ces photos. Aidez-vous au besoin des légendes ci-après.

A ______________ B ______________ C ______________

D ______________ E ______________ F ______________

Légendes

A *Vue sur le lac Kivu, près de Gisenyi, au Rwanda.* | PHOTO : *Getty Images*

B *Un bougainvillier à fleurs violettes.* | PHOTO : *Getty Images*

C *Un stylo posé sur une feuille de papier.* | PHOTO : *Getty Images*

D *Des soldats sont postés à la frontière entre le Zaïre (aujourd'hui République démocratique du Congo) et le Rwanda, en juin 1994.* | PHOTO : *Getty Images*

E *Coucher de soleil sur un champ de riz, au Burundi.* | PHOTO : *Picture Alliance*

F *Vue sur les montagnes des Virunga, chaîne volcanique située aux confins du Rwanda, de la République démocratique du Congo et de l'Ouganda.* | PHOTO : *Getty Images*

b) À quel moment avez-vous entendu ces mots et/ou expressions ? Replacez les images dans le bon ordre.

Ordre d'apparition : ________ • ________ • ________ • ________ • ________ • ________

c) De quoi la chanson « Petit pays » parle-t-elle ? Notez vos hypothèses.

6. Formez trois groupes avant de poursuivre l'écoute de la chanson : le groupe A se concentrera sur le 2e couplet (1'25"–2'04"), le groupe B sur le 3e couplet (2'18"–2'58") et le groupe C sur la conclusion (3'06"–3'20").

a) Pendant l'écoute, notez tous les mots et/ou expressions que vous avez compris dans le couplet attribué à votre groupe.

____

____

____

____

b) Après l'écoute, échangez vos notes avec les camarades de votre groupe, puis complétez vos réponses.

7. **Réécoutez la chanson en entier. Cochez la phrase qui correspond au contenu des trois couplets et de la conclusion.**

a) 1er couplet :

- ◯ Je me souviens de mon enfance dans mon pays natal.
- ◯ Je ne retournerai jamais en Afrique.
- ◯ Je suis content d'être loin du pays où j'ai tant souffert.

b) 2e couplet :

- ◯ Mon « petit pays » a commis des fautes.
- ◯ Mon « petit pays » n'est plus un refuge pour moi.
- ◯ Mon « petit pays » a beaucoup souffert.

c) 3e couplet :

- ◯ Je ne trouve plus le sommeil et les doutes m'envahissent.
- ◯ Je n'ai plus personne à qui parler.
- ◯ J'aimerais reconstruire mon « petit pays ».

d) Conclusion :

- ◯ Je me bats pour mon « petit pays ».
- ◯ J'aimerais retourner vivre au Burundi.
- ◯ J'éprouve les joies et les peines de mon pays natal.

8. **La musique souligne-t-elle les propos du chanteur ? Résumez votre réponse en quelques lignes. Aidez-vous au besoin du vocabulaire suivant. (50–100 mots)**

Début de phrase : Je trouve que la mélodie… ; La voix du chanteur…

Verbe : souligne… / met en valeur… ; s'accorde bien avec… ≠ contraste avec…

Complément : le mot / l'expression… ; la ligne / le vers… ; l'idée / le thème de…

Après l'écoute

9. **Lisez les paroles de la chanson (page 108–109). Repérez au moins trois rimes dans le 1er couplet et commentez-les. Vous pouvez également relever des rimes internes (au sein d'une même ligne).**

- ____________________
  ____
- ____________________
  ____
- ____________________
  ____

10. Le poids du passé

a) ***Petit pays, pendant trois mois, tout l'monde t'a laissé seul*** **(2e couplet) : à quel événement cette phrase se réfère-t-elle ? Selon vous, qui est désigné par l'expression « tout l'monde » ? Faites des recherches au besoin. (environ 50 mots)**

b) Dans le 2e couplet, le chanteur déclare ensuite : ***Petit pays : te faire sourire sera ma rédemption.*** **Pourquoi ? De quoi se sent-il coupable d'après vous ? (environ 100 mots)**

11. Comment le chanteur essaie-t-il de retrouver la paix intérieure ? Cochez la/les bonne(s) réponse(s). Justifiez ensuite votre choix en citant les paroles.

a) en écrivant une « carte postale » à son pays natal ○

Justification : ______

b) en accusant les coupables du génocide rwandais ○

Justification : ______

c) en se dévouant à son « petit pays » ○

Justification : ______

d) en poursuivant les génocidaires présumés ○

Justification : ______

e) en récoltant des dons pour reconstruire son « petit pays » ○

Justification : ______

12. Une déclaration d'amour

a) La chanson « Petit pays » est une déclaration d'amour adressée par le chanteur à son pays natal. Justifiez ce constat en citant les paroles. (100–150 mots)

b) Dans la conclusion, quel rapport le chanteur entretient-il avec son « petit pays » ? Prêtez une attention particulière aux figures de style employées. (100–150 mots)

13. Voici plusieurs phrases extraites du portrait de Gaël Faye. À quelles lignes de la chanson « Petit pays » font-elles penser ? Notez une ligne par phrase.

a) Elle [son enfance] qui était aussi douce et vivante que les couleurs et les parfums d'Afrique décrits par Gaby dans le roman. (§ 2)

______

______

b) Ce pays [la France] qu'il associe à « l'asile, l'absence et l'exil » dans son premier opus. (§ 6)

---

c) Il décide alors de se consacrer pleinement à la musique et l'écriture, dans laquelle il affirme avoir « trouvé un pays ». (§ 6)

---

d) Il milite activement aux côtés des époux Gauthier (…), qui traquent les génocidaires présumés. (§ 7)

Pour aller plus loin

14. Regardez le clip de la chanson « Petit pays ». Donnez ensuite votre avis sur cette vidéo sous la forme d'un commentaire. Développez votre réponse en vous aidant des questions ci-dessous.

YouTube Gaël Faye, «Petit pays», 12.03.2012

- Le clip illustre-t-il bien les paroles de la chanson ? Va-t-il parfois au-delà de son contenu ?
- Certains éléments évoqués dans la chanson sont-ils au contraire absents de la vidéo ?

15. Écoutez la chanson « Métis » (2013) de Gaël Faye, puis commentez cette citation extraite de son portrait :

Dans ses textes, le tiraillement entre l'Afrique et la France, les souvenirs d'enfance et les tourments du métissage sont omniprésents. (§ 7)

Paroles
Écrites par : Francis Muhire/Gaël Faye
Éditeur : Copyright 6D production SARL/Universal Music Publishing GmbH, Berlin

Chansons pour la paix et le vivre-ensemble

| Photo: *Getty Images*

| Photo: *Getty Images*

Barbara

« Göttingen »

(1964)

Zaz

« On ira »

(2013)

Barbara, noire icône au grand cœur

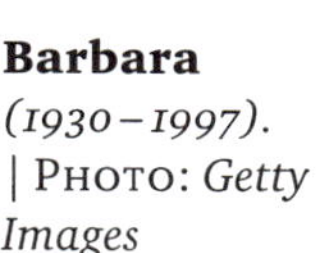

Barbara *(1930–1997).* | PHOTO: *Getty Images*

On l'appelait « la dame en noir », « la longue dame *brune* » ou encore « la chanteuse de minuit »... Auteure et compositrice de talent, Barbara était une artiste *généreuse*, qui a su utiliser ses chansons pour *se réconcilier avec* son passé.

1 MONIQUE SERF naît à Paris en 1930. Elle n'est pas encore *adolescente* quand, en 1939, la Seconde Guerre mondiale *éclate*. Sous *l'Occupation*, sa famille, de confession juive, doit *déménager* de nombreuses fois et se cacher pour *fuir* les *persécutions* nazies. La jeune fille *vit* la guerre *de près*, *échappant à la mort* lors du bombardement d'un train près de Châtillon-sur-Indre en 1940.

2 La famille revient à Paris après la guerre, en 1946. Celle qui choisira plus tard le pseudonyme de Barbara *s'initie à* cette époque au piano et commence des cours de chant au *conservatoire* de la capitale. Le répertoire de chant classique l'intéresse cependant beaucoup moins que celui de la *chanson populaire*. Son rêve *s'affirme*: elle sera « pianiste chanteuse ».

3 En 1959, Barbara a 29 ans. Cela fait déjà une dizaine d'années qu'elle *se consacre à* la musique. Elle *est passée par* la Belgique, est revenue chanter dans des petits cabarets de Paris, notamment L'*Écluse*, dans le VIe arrondissement, où on la *surnomme* alors « la chanteuse de minuit ». Elle a changé plusieurs fois de *nom de scène*, a *repris* des classiques de la chanson française et fait quelques *enregistrements*. Mais le succès *n'est pas* vraiment *au rendez-vous* et la jeune femme *se cherche* encore. Son ami Jacques Brel, rencontré lors de son séjour à Bruxelles, l'*encourage à* écrire ses propres morceaux.

4 En décembre 1959, elle apprend que son père, qui a quitté le *foyer familial* dix ans plus tôt sans laisser de nouvelles, *est mourant*, et veut la voir. Barbara *se précipite à son chevet*, dans un hôpital de Nantes, mais arrive trop tard : « Après bien des années d'*errance* / Il me revenait en plein cœur / Son *cri déchirait* le silence / Depuis qu'il *s'en était allé* / Longtemps je l'avais espéré ». Dans « Nantes » (1964), l'une de ses plus grandes chansons, Barbara *évoque* ces *retrouvailles ratées* avec ce père qui avait *abusé* d'elle lorsqu'elle était enfant*: « Couché dans le *jardin de pierres* / Je veux que tranquille il *repose* », lui pardonne-t-elle dans le dernier *couplet*.

5 Dans les années 60, Barbara *se distancie de* la chanson réaliste de cabaret et trouve peu à peu son propre style. Elle développe un répertoire de chansons personnelles et poétiques, parfois *sentimentales* comme « Dis, quand reviendras-tu ? » (1962) ou mélancoliques comme « *Le mal de vivre* » ou « La solitude » (1964). La beauté de ses textes, de ses compositions, et surtout l'intensité de ses interprétations *touchent* un public de plus en plus large. Son charisme, sa *tenue* toujours noire et ses cheveux *de jais* coupés courts *contribuent à* faire d'elle une icône. En 1970, elle sort le titre « L'*Aigle* noir », qui sera le plus grand succès musical de l'année. Barbara devient une *vedette* de la chanson française avec un public qui lui restera fidèle jusqu'à sa mort en 1997.

6 Derrière cette artiste passionnée, qui fascinait sur scène, se cachait une femme généreuse et sensible. En 1964, on lui propose de *se produire* en Allemagne, au Junges Theater de Göttingen. Elle *hésite*, puis accepte finalement l'invitation. *Émue* par l'accueil *chaleureux* du public et *séduite* par la ville, elle interprète lors de son dernier concert un morceau qu'elle a écrit dans le jardin du théâtre : « Göttingen ». Les *paroles* de celle qui dut *autrefois* se cacher pour échapper à la déportation sont d'une grande force. Barbara pardonne sans oublier : « Ô faites que jamais ne revienne / Le temps du *sang* et de *la haine* / Car il y a des gens que j'aime / À Göttingen, à Göttingen ».

7 Une interprète au grand cœur, voilà une autre formule qui pourrait *qualifier* la dame en noir. La chanson et la scène *étaient sa raison d'être*. Seule au piano, elle vivait ses concerts comme des moments d'*intimité* avec son public, à qui elle a *dédié* le titre « Ma plus belle histoire d'amour » (1966). Son émotion et sa sensibilité *trahissaient* des blessures, que la musique *soulageait*. Dans ses mémoires, Barbara déclarait ainsi : « *Je m'en suis sortie, puisque je chante* ».

Sylvain Pousset et Laure Wallois
Novembre 2021 © Revue de la Presse

* Barbara le *révèlera* dans « Il était un piano noir… », ses mémoires *inachevés* publiés à titre posthume en 1998.

0–1 **BRUN** dunkelhaarig – **généreux, -euse** großmütig – **se réconcilier avec** s. versöhnen mit, s-n Frieden machen mit – **l'adolescent/e** (m./f.) d. Jugendliche – **éclater** h.: ausbrechen – **l'Occupation** (f.) die dt. Besatzung (1940–1944) – **déménager** umziehen – **fuir qc** e-r S. entkommen – **persécution** (f.) Verfolgung – **vivre qc de près** etw. hautnah -, aus nächster Nähe miterleben – **échapper à la mort** dem Tod entrinnen

2–3 **s'initier à qc** anfangen, etw. zu lernen – **conservatoire** (m.) h.: Musikhochschule, Konservatorium – **chanson** (f.) **populaire** Volkslied, Chanson – **s'affirmer** h.: allmählich Kontur annehmen – **se consacrer à qc** s. e-r S. widmen – **être passé par...** etwa: nach e-m Aufenthalt in ... – **écluse** (f.) Schleuse – **surnommer** nennen – **nom** (m.) **de scène** Künstlername – **reprendre** h.: interpretieren – **enregistrement** (m.) Aufnahme – **ne pas être au rendez-vous** (fig.) ausbleiben, s. nicht einstellen wollen – **se chercher** h. gem.: auf der Suche nach dem eigenen Stil sein – **encourager qn à faire qc** jdn. dazu ermutigen, etw. zu tun

4–5 **foyer** (m.) **familial** Elternhaus, h.: Familie – **être mourant** im Sterben liegen – **se précipiter** eilen – **au chevet de qn** an jds. Bett – **errance** (f.) (littér.) zielloses Umherirren – **cri** (m.) Schrei – **déchirer** zerreißen – **s'en aller** fortgehen – **évoquer** h.: s. erinnern an – **retrouvailles** (f. pl.) Wiedersehen – **rater** verpassen – **abuser de qn** jdn. sexuell missbrauchen – **jardin** (m.) **de pierres** Steingarten, h. gem.: Friedhof – **reposer** ruhen – **couplet** (m.) Strophe – **se distancier de** s. abwenden von – **sentimental** h.: gefühlvoll – **le mal de vivre** der Lebensüberdruss – **toucher** h.: ansprechen – **tenue** (f.) Aufmachung, Kleidung – **de jais** tiefschwarz – **contribuer à faire qc** dazu beitragen, etw. zu tun – **aigle** (m.) Adler – **vedette** (f.) Star

6–7 **se produire** auftreten – **hésiter** zögern – **ému** gerührt – **chaleureux, -euse** herzlich – **séduit** angetan – **paroles** (f. pl.) h. (chanson): Text – **autrefois** einst – **sang** (m.) h.: Blutvergießen – **la haine** der Hass – **qualifier** bezeichnen, charakterisieren – **être la raison d'être de qn** jds. Lebensinhalt sein – **intimité** (f.) (tiefe) Verbundenheit – **dédier** widmen – **trahir** verraten, erkennen lassen – **soulager** lindern – **je m'en suis sortie, puisque je chante** gem.: der Gesang war m-e Rettung, **s'en sortir** h.: s-e Vergangenheit bewältigen

* **révéler qc** etw. öffentlich machen – **inachevé** unvollendet

Avant l'écoute

«Göttingen» (1964)

1. **Découvrez le style de Barbara.**

a) **Observez la photo puis lisez le titre et l'introduction de son portrait. Résumez en quelques lignes votre première impression de la chanteuse. (environ 50 mots)**

b) **Qu'est-ce qu'une chanson à texte ? Écrivez ce que vous savez de ce genre musical. Au besoin, faites une recherche sur Internet. (environ 50 mots)**

2. **Lisez les paragraphes 1 à 4 du portrait de Barbara et identifiez deux souvenirs douloureux de son enfance.**

- ______________________________
- ______________________________

3. **Lisez à présent le paragraphe 5. Parmi les adjectifs suivants, cochez les caractéristiques qui ont fait de Barbara une chanteuse iconique.**

drôle ◯ excentrique ◯ intense ◯ originale ◯ vulgaire ◯ ordinaire ◯ joyeuse ◯ mélancolique ◯ charismatique ◯ élégante ◯

4. **Lisez le paragraphe 6. À votre avis, comment était la relation entre la France et l'Allemagne en 1964, au moment où Barbara est allée chanter à Göttingen ? Discutez en groupe puis résumez votre réponse. (environ 50 mots)**

Pendant l'écoute

5. **Écoutez la chanson « Göttingen » une première fois en entier.**

a) **Comment trouvez-vous l'interprétation de Barbara ? Décrivez-la en quelques mots.**

____

____

____

b) **Quelles sont les deux villes que la chanteuse compare dans la chanson ?**

____

6. Écoutez la chanson jusqu'à 0'23" puis complétez les paroles en choisissant des mots de la liste suivante. Accordez ces mots le cas échéant.

le quai • la révolution • la Seine • la rengaine • l'amour •
la mode • le bois de Vincennes

Bien sûr, ce n'est pas ______________________,
Ce n'est pas ______________________,
Mais c'est bien joli tout de même,
À Göttingen, à Göttingen.

Pas de ______________________ *et pas de* ______________________
Qui se lamentent et qui se traînent,
Mais ______________________ *y fleurit quand même,*
À Göttingen, à Göttingen.

7. Poursuivez l'écoute de 0'23" à 1'09" et complétez les paroles ci-dessous.

Ils ______________________ *mieux que nous, je pense,*
*L'*______________________ *de nos* ______________________ *de France,*
Herman, Peter, Helga et Hans,
À Göttingen.

Et que personne ne ______________________,
Mais les ______________________ *de notre enfance,*
« Il était une fois » ______________________
À Göttingen.

Bien sûr nous, nous avons la Seine
Et puis notre bois de Vincennes,
Mais Dieu que les ______________________ *sont belles*
À Göttingen, à Göttingen.

Nous, nous avons nos ______________________ *blêmes*
Et l'âme grise de ______________________,
Eux c'est la ______________________ *même,*
À Göttingen, à Göttingen.

8. Poursuivez l'écoute de 1'09" à 1'33" et associez ces débuts et fins de lignes.

A	*Quand ils ne savent rien nous dire,*
B	*Mais nous les comprenons quand même,*
C	*Et tant pis pour ceux qui s'étonnent*
D	*Mais les enfants ce sont les mêmes,*

1	*Les enfants blonds de Göttingen.*
2	*À Paris ou à Göttingen.*
3	*Ils restent là à nous sourire*
4	*Et que les autres me pardonnent,*

A ____________ B ____________ C ____________ D ____________

© *paroles 6., 7. et 8.: page 65*

9. Écoutez la fin de la chanson (à partir de 1'33") et notez les expressions du champ lexical de la guerre que vous avez entendues.

____

____

Après l'écoute

10. À qui s'adresse Barbara dans « Göttingen » ? Justifiez votre réponse à l'aide des paroles.

a) ◯ aux Allemands **b)** ◯ aux Français **c)** ◯ à sa famille

Justification : ____

____

11. Barbara fait passer plusieurs messages dans cette chanson. En groupe, résumez-les pour chacun des thèmes suivants et justifiez votre réponse en citant les paroles. (50–100 mots par thème)

a) les deux villes Paris et Göttingen

b) la relation entre les Français et les Allemands

c) la guerre

12. Relisez le paragraphe 6 du portrait de Barbara : quelle est sa première réaction lorsqu'on lui propose de chanter à Göttingen ? Comment l'expliquer ? Écrivez vos hypothèses. (environ 50 mots)

13. Tous les Français n'étaient pas prêts à tenir un discours pacifiste vis-à-vis de l'Allemagne en 1964. Barbara en était consciente et elle s'adresse à ces personnes dans trois lignes de sa chanson. Lesquelles ?

- ______________________________
- ______________________________
- ______________________________

14. Est-ce que l'idée d'une nouvelle guerre entre les deux pays, telle qu'exprimée dans le couplet final, vous semble exagérée ? Faites une croix sur la ligne suivante puis justifiez votre opinion. (50 – 100 mots)

Non ______________________________ Oui

15. En 1988, Barbara a reçu la médaille d'honneur de la ville de Göttingen. Imaginez la lettre que les responsables de la ville ont écrite à la chanteuse pour lui expliquer leur choix de la récompenser. (100 – 150 mots)

Pour aller plus loin

16. Dans sa chanson « Göttingen », Barbara essaie de nous faire comprendre que la France et l'Allemagne ont de nombreux points communs. Que partagent les deux pays aujourd'hui ? Faites une liste.

17. Dans ses mémoires « Il était un piano noir… » (1998), Barbara a écrit : « Je m'en suis sortie, puisque je chante ». À votre avis, pourquoi la chanteuse a-t-elle écrit et composé « Göttingen » ? Relisez au besoin son portrait.

Paroles
Écrites par : Barbara Brodi
Éditeur : Copyright Metropolitaines Editions/Rolf Budde Musikverlag GmbH, Berlin

Zaz, sans chichi

« Je veux d'l'amour, d'la joie, de la bonne humeur/ Ce n'est pas votre argent qui f'ra mon bonheur… » Souvenez-vous de ce refrain que l'on *chantonnait* à l'été 2010, à Paris comme à Berlin ! C'est celui de « Je veux », le *tube* qui a fait connaître Isabelle Geffroy, alias Zaz. Avec sa voix *puissante* et son *naturel irrésistible*, la *Bordelaise* a vite *conquis* un public international, comme en témoigne ce portrait paru fin 2011 dans la Revue de la Presse.

Zaz en concert *le 6 décembre 2014 au Tempodrom de Berlin. Depuis ses débuts, la chanteuse connaît un grand succès à l'étranger.* | PHOTO: *Getty Images*

1 UN SEUL album jusqu'ici, mais quel *tabac* ! Un million d'exemplaires vendus à travers le monde. Disque d'or, de platine, de diamant. Et *une Victoire de la musique* pour « Je veux », tube de l'été 2010. Depuis un an et demi, Zaz vit dans un *tourbillon* médiatique et l'*ivresse* d'un succès *époustouflant*. Concerts, interviews, *émissions* de radio et de télé *s'enchaînent* pour elle à toute vitesse. Qu'est-ce qu'elle a donc, cette jeune Bordelaise, pour qu'on *se l'arrache* de Paris à Montréal ? C'est quoi son secret ? Avec son nom en forme d'*onomatopée*, elle a *grimpé sans crier gare* au sommet des charts. Et s'en étonne encore.

2 « Je veux d'l'amour, d'la joie, de la bonne humeur/Ce n'est pas votre argent qui f'ra mon bonheur/Moi j'veux *crever* la main sur le cœur… » Le message de « Je veux », son titre fétiche, est direct et *efficace*. Pas de chichi chez Zaz, 31 ans, née Isabelle Geffroy, mais un naturel irrésistible, *des allures de Gavroche* et une histoire qui a déjà un goût de légende. Elle a 15 ans quand elle quitte *le toit familial* pour loger chez sa *sœur aînée*. Puis elle *lâche* l'école aussi. *Ado* en révolte, *sur la corde raide*, sans *brevet* ni *bac* en poche. Avec pour seule *certitude* une voix puissante et un peu *voilée*, où s'exprime *une sensibilité à fleur de peau*. « À quatre ans, j'avais déjà déclaré que je serai chanteuse », dit-elle. En 2000, grâce à une *bourse*, elle entre au Centre d'information et d'activités musicales de Bordeaux (Ciam) pour *exploiter ses dons*.

3 Suivront des participations à divers groupes de blues, de rap ou de rock latino, dont Don Diego. Et des tournées qui la mèneront dans *le Sud-Ouest*, au Pays basque, en Russie et même en Égypte… Pour *arrondir ses fins de mois*, elle se produit dans des cabarets de province, des bals et des *mariages*. Plus tard à Paris, elle chante Piaf dans les rues de Montmartre. Une vie de *saltimbanque*, avec son côté jolie bohème et ses jours de *galère*. Avant qu'elle ne *perce* un soir de 2009, en gagnant la finale du *Festival Génération Réservoir*. Elle réalise alors bientôt son premier disque et découvre les grandes scènes, où son tempérament peut *se défouler*.

> *Avec son organe hors normes, façon chanteuse réaliste des années 20 – 30, Zaz apporte une nouvelle couleur à la chanson française.*

4 Avec son *organe hors normes*, façon chanteuse réaliste des années 20 – 30, Zaz apporte une nouvelle couleur à la chanson française. Son univers musical qui *mêle* blues, jazz, soul et musiques du monde, ses mélodies simples et surtout ce mélange d'émotion et de naïveté pour parler du quotidien : tout cela a conquis un large public, en Allemagne *notamment*. La jeune femme, qui à vingt ans s'était « promis d'être heureuse », a du talent. Mais *on l'attend au tournant*. À elle de conduire sa carrière et de faire les bons choix. Le succès, quand il arrive vite, c'est parfois *violent*. Pour Zaz, il s'agit *désormais* de savoir se protéger et de durer. L'été dernier, dans une interview pour NRJ, l'artiste *assurait*: « Je *me poserai* l'année prochaine, je vais (…) *me ressourcer*, (…) redéfinir ce dont j'ai envie, et créer surtout ».

Sonia Nowoselsky
Décembre 2011 © Revue de la Presse

0–1 **CHICHI** (m.) (fam.) Getue – **chantonner** (leise) singen – **tube** (m.) (fam.) Hit – **puissant** stark, kräftig – **naturel** (m.) h.: Natürlichkeit – **irrésistible** unwiderstehlich – **Bordelais/e** (m./f.) aus Bordeaux Stammende/r – **conquérir** erobern – **un tabac** h. (fam.): ein großer Erfolg – **une Victoire de la musique** (Auszeichnung der frz. Musikindustrie; wird jährlich vergeben) – **tourbillon** (m.) Wirbel – **ivresse** (f.) (fig.) Rausch – **époustouflant** verblüffend, überwältigend – **émission** (f.) Sendung – **s'enchaîner** nahtlos aufeinanderfolgen – **s'arracher qn** s. um jdn. reißen – **onomatopée** (f.) Schallwort (Lautmalerei) – **grimper** klettern – **sans crier gare** ohne Vorwarnung
2 **crever** platzen, h. (fam.): sterben – **efficace** effizient – **avoir des allures de Gavroche** gem.: e-e burschikosfreche Erscheinung sein, **Gavroche** (Figur aus Victor Hugos Roman « Les Misérables »; verkörpert den frechen Pariser Straßenjungen) – **le toit familial** gem.: das Elternhaus – **la sœur aînée** die älteste Schwester – **lâcher** (fam.) verlassen, aufgeben – **ado(lescent/e)** (m./f.) (fam.) Jugendliche/r – **être sur la corde raide** gem.: s. in e-r misslichen Lage befinden, **la corde raide** das Drahtseil – **brevet** (m.) (frz. Diplom zum Abschluss der Schulzeit im Collège) – **bac(calauréat)** (m.) Abitur – **certitude** (f.) Gewissheit – **voilé** heiser – **une sensibilité à fleur de peau** e-e extreme Empfindsamkeit – **bourse** (f.) h.: Stipendium – **exploiter ses dons** gem.: sein Talent entwickeln
3–4 **le Sud-Ouest** gem.: Südwestfrankreich – **arrondir ses fins de mois** gem.: sein Einkommen aufbessern – **mariage** (m.) h.: Hochzeitsgesellschaft – **saltimbanque** (m./f.) Gaukler/in, Vagant/in – **galère** (f.) h. (fam.): schwierige Lage – **percer** h.: den Durchbruch erzielen – **le Festival Génération Réservoir** (zur Förderung der Nachwuchstalente im Bereich Musik) – **se défouler** (fam.) s. austoben – **un organe hors normes** gem.: e-e außergewöhnliche -, beeindruckende Stimme – **mêler** mischen – **notamment** insbesondere – **on l'attend au tournant** (fam.) gem.: man wartet (boshaft) nur darauf, dass sie (Zaz) auf die Nase fällt, **tournant** (m.) Kurve – **violent** gewalttätig, zerstörerisch – **désormais** nunmehr – **assurer** versichern – **se poser** (fam.) gem.: s. eine Pause gönnen – **se ressourcer** wieder Energie tanken

Avant l'écoute

« On ira » (2013)

1. **Pendant la pandémie, dans plusieurs pays comme l'Allemagne, des familles confinées ont collé des arcs-en-ciel à leurs fenêtres. Pourquoi ont-elles choisi ce symbole ? Faites des recherches sur Internet au besoin. (100–150 mots)**

| Photo : *Getty Images*

2. **Quelles valeurs, actions ou qualités humaines sont nécessaires, à votre avis, pour traverser une période de difficultés ou de crise ? Donnez au moins 5 mots-clés.**

____

____

3. **Regardez la photo qui illustre le portrait de Zaz. Quels adjectifs caractérisent cette artiste selon vous ?**

____

____

4. **Lisez maintenant le portrait de la chanteuse.**

a) **Résumez son parcours sous la forme d'une courte présentation. Pour vous aider, notez les informations essentielles en face de chaque période de sa vie.**

Naissance et enfance : ______________________________

____

Adolescence : ______________________________

____

Formation : ____

____

Débuts de carrière : ____

____

Premiers succès : ____

____

b) Présentez son univers musical et le style de ses chansons en vous appuyant sur le texte.

Son univers musical : ____

____

Le style de ses chansons : ____

____

5. Préparez-vous à l'écoute de la chanson « On ira ».

a) Cette chanson contient plusieurs images qui se répondent. Reliez les paires du tableau puis dites pourquoi vous avez choisi ces associations. (50–100 mots)

A le pétale	1 la tasse
B la note	2 le toit
C le rivage	3 la rose
D la terre	4 les parents
E la maison	5 la mer
F la tour Eiffel	6 Paris
G la Loire	7 la chanson
H le thé	8 le fleuve
I le bébé	9 le ciel

A ________ B ________ C ________

D ________ E ________ F ________

G ________ H ________ I ________

b) **Faites appel à votre imagination : inventez deux autres paires.**

- ______________________ et ______________________
- ______________________ et ______________________

6. **Qu'est-ce que le titre « On ira » vous évoque ? Développez votre réponse. (50 – 100 mots)**

7. **Regardez le clip de la chanson en coupant le son.**

YouTube Zaz, « On ira » (Clip officiel), 28.03.2013

a) **Décrivez cette vidéo. (150 – 200 mots)**

b) **À partir des images du clip, faites des hypothèses sur le rythme et la mélodie de la chanson ainsi que sur les thèmes qu'elle aborde. (environ 100 mots)**

Pendant l'écoute

8. **Écoutez la chanson une première fois en entier puis répondez aux questions suivantes. Réécoutez au besoin les passages concernés.**

a) **Complétez ces trois lignes extraites du 1er couplet (0'00" – 0'36"). Les mots manquants sont des noms de lieux.**

- *On ira nager dans le lit du fleuve* ______________________
- *On lèvera nos yeux sur le plafond de* ______________________
- *Et on lèvera nos verres dans* ______________________ *Pouchkine*

b) **Complétez les lignes du pont (passage de transition qui précède le refrain ; 0'36" – 0'48").**

Oh qu'elle ______________________

Aux mille ______________________ *de l'être* ______________________

Mélangées de nos ______________________

À la croisée des ______________________

c) **Complétez les parallélismes du refrain (0'48" – 1'12").**

- *Vous êtes les étoiles* ➲ *nous sommes* ______________________
- *Vous êtes un grain de sable* ➲ *nous sommes* ______________________
- *Vous êtes l'horizon* ➲ *et nous sommes* ______________________
- *Vous êtes les saisons* ➲ *et nous sommes* ______________________

9. **Dégagez le message de la chanson en vous aidant du clip et des paroles que vous avez complétées dans l'exercice précédent. D'après vous, qui est désigné par les pronoms « vous » et « nous » dans le refrain ? Formulez votre réponse seul(e) puis échangez avec votre binôme. (100–150 mots)**

10. **Relisez votre réponse à l'exercice 7 b). Les hypothèses que vous aviez formulées après le visionnage du clip se sont-elles confirmées ?**

11. **Approfondissez votre compréhension de la chanson : réécoutez-la en lisant les paroles (page 111). Donnez ensuite la signification des lignes suivantes et commentez-les rapidement. (environ 50 mots par ligne)**

a) **1er couplet :**

- *On ira écouter Harlem au coin de Manhattan*
- *On verra brûler Bombay sous un feu de Bengale*
- *On ira sentir Rio battre au cœur de Janeiro*

b) **2e couplet :**

- *On fera des jours de fête autant qu'on a de héros*
- *On dira que les rencontres font les plus beaux voyages*
- *On verra qu'on ne mérite que ce qui se partage*

Après l'écoute

12. **Quelle image ou métaphore contenue dans la chanson préférez-vous ? Justifiez votre réponse.**

13. **« Nos différences font notre force ». Prouvez la pertinence de ce proverbe à l'aide des paroles de la chanson. (100–150 mots)**

14. **Soyez créatifs ! Complétez la chanson en créant de nouvelles paroles.**

a) **Par groupes de quatre personnes, inventez un 3e couplet sur le thème de votre choix. Chacun écrit deux lignes au futur simple en essayant de les faire rimer. En regroupant vos lignes, vous obtiendrez ainsi un couplet entier. Vous pouvez, si vous le souhaitez, choisir un sujet d'actualité.**

Ex.: *On verra ouverts les murs et les frontières*
On vivra cette liberté qui ne sera plus une chimère

b) **Inventez cette fois un refrain par groupes de deux personnes. Chacun écrit trois lignes sur le modèle de la chanson :**

Vous êtes ______________________ *nous sommes* ______________________

Vous êtes ______________________ *nous sommes* ______________________

Vous êtes ______________________ *et moi je suis* ______________________

15. Un peu de grammaire : reformulez ces phrases en utilisant le gérondif.

a) On éprouve de la joie quand on va à la rencontre de personnes de différentes cultures.

b) Si tu aides ton prochain, tu seras heureux.

c) J'ai écouté cette chanson pendant que je faisais la cuisine.

16. Que pensez-vous de la chanson « On ira » ? Écrivez un commentaire en justifiant votre point de vue.

Pour aller plus loin

17. Dans une société multiculturelle, il n'est pas toujours facile de vivre en harmonie avec les autres. Inventez ou citez quelques préceptes du vivre-ensemble en vous appuyant sur les paroles de « On ira ».

18. Dans sa chanson « Métis » (2013), le rappeur, slameur et écrivain Gaël Faye déclare : « L'humanité est colorée donc, soyons daltoniens ». Écoutez la chanson puis expliquez cette phrase.

Paroles

Écrites par : TRYSS/Ker-Eddine Soltani/Louise Sophie Becue/Olivier Camille Jacques Volovitch
Éditeur : Copyright Because Edition/Soltana Music/Rückbank Musikverlag, Hamburg
Warner Music France/SATV Group Germany GmbH

Chanter l'avenir

| Photo: *Getty Images*

Charles Aznavour

« La Terre meurt »

(2007)

| Photo: *Getty Images*

Bigflo & Oli

« Plus tard »

(2018)

Homosexualité, écologie, migrants… Les engagements en chanson de Charles Aznavour

Il a fait ses débuts dans les années 1950, *repéré* par une certaine Édith Piaf. Artiste présent sur de nombreux fronts, Charles Aznavour a chanté tout au long de sa carrière pour les *causes* qui lui tenaient à cœur. Au lendemain de sa mort, survenue le 1er octobre 2018, Le Figaro revenait sur ses *prises de position* engagées.

1 AVEC PLUS de 1000 titres à son répertoire, Charles Aznavour a *conquis* le monde entier. *Au-delà de* ses chansons mythiques, de « La Bohème » à « La Mamma », il a aussi surpris son public par ses prises de position. Celui qu'on surnommera le « Frank Sinatra français » commence sa carrière dans les années 1950. *Dans l'Hexagone*, Édith Piaf, Juliette Gréco et Yves Montand règnent sur le monde de la musique. En 1960, la carrière de Charles Aznavour est lancée grâce à « J'me voyais déjà », qu'il interprète pour la première fois à *l'Alhambra*. Il *enchaîne* ensuite *les titres à succès*, aux paroles parfois (très) engagées. Il *aborde* des thèmes sociétaux tabous, du génocide des Arméniens à l'homosexualité.

2 Charles Aznavour a vécu la guerre pendant son adolescence. Durant *l'Occupation*, sa famille est venue en aide à des *réfugiés* juifs en les cachant sous son toit. C'est une période qui a particulièrement touché l'artiste. En 1968, il *diffuse* le titre « Les enfants de la guerre ». Un hommage aux jeunes qui sont directement *affectés* par des conflits armés à l'international. « Les enfants de la guerre, ne sont pas des enfants. Ils ont l'âge des pierres, du fer et du sang », chante-t-il. Charles Aznavour *avait le sens des phrases d'accroche* dans toutes ses chansons. Sa façon à lui de *capter l'attention de* son *audience*.

3 Durant les années 1970, Charles Aznavour interprète deux chansons qui vont *marquer les esprits*, et manquer de peu de ruiner sa carrière. La première, « Mourir d'aimer », est inspirée de l'histoire de Gabrielle Russier, une enseignante qui se suicide en 1969 à Marseille après avoir eu une relation avec l'un de ses élèves, *mineur*. Son histoire a choqué l'opinion publique à une époque où la femme commence tout juste à s'émanciper. « Les *parois* de ma vie sont *lisses*, je *m'y accroche* mais je glisse, lentement vers ma *destinée*, mourir d'aimer », *fredonne* Aznavour.

4 Peu de temps après, il va encore plus loin en s'attaquant à un sujet tabou : l'homosexualité. Dans « Comme ils disent », il *revient sur* l'histoire d'un homme travesti qui vit chez sa mère et exerce un métier de la nuit. « Je suis artiste. J'ai un numéro très spécial, qui finit *en nu intégral*, après strip-tease. Et dans la salle, je vois que, les *mâles* n'en croient pas leurs yeux, je suis un homo comme ils disent. » Il racontait alors au Figaro : « Ça a *jeté un froid*. Puis on m'a demandé qui allait chanter ça. J'ai répondu : " Moi ". Nouveau silence. Puis quelqu'un s'est inquiété de savoir si je ferais une annonce. Vous m'imaginez annonçant sur scène que je vais me mettre à la place d'un homosexuel, alors que je ne le suis pas ? *Il n'était pas question de reculer !* »

Charles Aznavour *(1924 – 2018).*
| PHOTO: *Getty Images*

Un homme de tous les fronts, en avance sur son temps.

5 Aznavour c'est aussi, et surtout, l'Arménie. Le fils d'immigrés a *dédié* plusieurs chansons à son *pays d'origine*. En 1975, il chante « Ils sont tombés » pour le soixantième anniversaire du génocide des Arméniens. « Ils sont tombés, sans trop savoir pourquoi. Hommes, femmes et enfants, qui ne voulaient que vivre », *entonne* le musicien. Onze ans plus tard, c'est avec « Les Émigrants » qu'il rend hommage à toutes les personnes obligées de fuir leur pays pour un autre. Il a commencé plusieurs de ses derniers concerts avec ce titre, qui *résonne avec* l'actualité et la crise des réfugiés en Europe. « Comment crois-tu qu'ils sont venus, ils sont venus les poches vides et les mains nues. Pour travailler *à tour de bras* et *défricher un sol ingrat* », récite-t-il.

0–1 **ENGAGEMENT** (m.) h.: engagierte Parteinahme – **repérer** h.: entdecken – **cause** (f.) h.: Anliegen, Belange – **la prise de position** die Stellungnahme – **conquérir** erobern – **au-delà de qc** über etw. hinaus – **dans l'Hexagone** gem.: in Frankreich (das „Sechseck") – **l'Alhambra** h. gem.: das alte Alhambra (ehemalige Music-Hall im 10. Pariser Arrondissement, unweit des 2008 eröffneten Neubaus gleichen Namens) – **enchaîner les titres à succès** am laufenden Band Hits produzieren – **aborder** ansprechen

2 **l'Occupation** (f.) (die Besetzung Frankreichs durch deutsches Militär, 1940–1944) – **le/la réfugié/e** der Flüchtling – **diffuser** h.: herausbringen – **affecté** betroffen – **avoir le sens des phrases d'accroche** ein Gespür für prägnante Textanfänge besitzen – **capter l'attention de qn** h.: jdn. fesseln, **capter** fangen – **l'audience** (f.) h.: die Zuhörer, das Publikum

3–4 **marquer les esprits** gem.: e-n bleibenden Eindruck hinterlassen – **mineur** minderjährig – **paroi** (f.) Wand – **lisse** glatt – **s'accrocher à qc** s. an etw. festklammern – **destinée** (f.) Schicksal – **fredonner** summen, h.: singen – **revenir sur qc** auf etw. zurückkommen – **en nu intégral** in völliger Nacktheit – **mâle** (m.) h.: Mann – **jeter un froid** e-e frostige Stimmung verbreiten – **il n'était pas question de reculer** ein Rückzieher kam nicht in Frage

5–6 **dédier** widmen – **le pays d'origine** das Heimatland – **entonner** anstimmen, h.: (sein Lied) beginnen – **résonner avec qc** mit etw. im Einklang stehen – **à tour de bras** h.: mit voller Kraft – **défricher** urbar machen – **un sol ingrat** ein karger, unwirtlicher Boden

6 Enfin, Charles Aznavour s'était engagé pour l'écologie. En 2007, il interprétait « La Terre meurt ». Sur un rythme latino, il chante des paroles alarmistes : « Les océans sont des *poubelles*, les fonds de mer sont *souillés*, les Tchernobyl *en ribambelles*, voient naître des fœtus mort-nés. » Le 3 septembre, il faisait partie des 200 personnalités à avoir signé une *tribune* dans Le Monde en faveur d'une action politique forte contre *le réchauffement climatique*. Un homme de tous les fronts, *en avance sur son temps*.

© Ludivine Trichot / Le Figaro / 02.10.2018

« Ma vie, mes chansons, mes films », de Charles Aznavour (avec Philippe Durant et Vincent Perrot), Éditions de la Martinière, 2015, 232 pages.

poubelle (f.) Mülltonne – **souiller** (litt.) h.: verschmutzen – **en ribambelles** scharenweise – **tribune** (f.) h.: Gastbeitrag – **le réchauffement climatique** die Klimaerwärmung – **être en avance sur son temps** seiner Zeit voraus sein

BIO EXPRESS

1924 Charles Aznavour naît à Paris, le 22 mai, de parents immigrés arméniens. Son père, ancien baryton, tient un petit restaurant. Sa mère est comédienne.

1946 Après des débuts difficiles au music-hall, il se fait remarquer par Édith Piaf qui l'*embarque* pour sa tournée aux États-Unis. De retour en France, il doit *affronter* des critiques *violentes*, qui se moquent de sa voix et de son *physique*. Sa carrière n'est vraiment lancée qu'en 1960.

Années 60–70 Il sort ses plus grandes chansons, parmi lesquelles « J'me voyais déjà » (1961), « Les Comédiens » (1962), « La Mamma » (1963), « For me formidable » (1964), « Emmenez-moi » (1967), « La Bohème » (1971). Parallèlement, il mène une carrière d'acteur. Il apparaîtra dans plus de 80 films tournés par d'éminents réalisateurs comme François Truffaut, Claude Chabrol ou Volker Schlöndorff.

1993 Il *enregistre* avec Franck Sinatra « You make me feel so young ». Il est l'un des artistes français les plus populaires aux États-Unis.

2017 Il reçoit son étoile sur le Hollywood Walk of Fame.

2018 Il meurt le 1er octobre à Mouriès, dans le sud de la France.

EMBARQUER QN jdn. an Bord nehmen, - mitnehmen – **affronter qc** mit e-r S. konfrontiert werden – **violent** h.: heftig – **physique** (m.) äußere Erscheinung – **enregistrer** aufnehmen

Avant l'écoute

« La Terre meurt » (2007)

1. **Charles Aznavour fut un artiste engagé. Lisez son portrait puis répondez aux questions.**

a) **Quels événements historiques de la première moitié du XXe siècle ont inspiré à Charles Aznavour les chansons suivantes ?**

« Les enfants de la guerre » : ______________________

« Ils sont tombés » : ______________________

b) **Ces deux autres chansons de l'artiste abordent des problèmes et enjeux actuels. Lesquels ?**

« Les Émigrants » : ______________________

« La Terre meurt » : ______________________

c) **Pour quelles personnes s'est engagé Charles Aznavour à travers ses chansons ? Justifiez votre réponse en citant les titres mentionnés dans son portrait.**

____

____

2. **Observez cette image et décrivez-la. Que symbolise-t-elle ? (environ 50 mots)**

| PHOTO : *Getty Images*

3. **La défense de l'environnement est un enjeu majeur de notre époque.
Notez dans le tableau quatre causes et quatre conséquences du réchauffement climatique.
Aidez-vous au besoin d'un dictionnaire bilingue.**

causes	conséquences
• ______ ______	• ______ ______
• ______ ______	• ______ ______
• ______ ______	• ______ ______
• ______ ______	• ______ ______

4. **Complétez les phrases en utilisant les mots de la liste suivante.**

détritus • poubelle • marées noires • déchets nucléaires • pollution plastique

a) On jette nos déchets à la ______________________.

b) Le mot « ______________________ » est synonyme de « ordures » ou « déchets ».

c) Les ______________________ sont dangereux car ils émettent des rayonnements radioactifs.

d) La faune et la flore marine sont menacées par la ______________________ .

e) Les ______________________ causent la mort de milliers d'oiseaux marins et de poissons en raison des hydrocarbures répandus dans la mer.

5. Préparez-vous à l'écoute de la chanson « La Terre meurt », de Charles Aznavour. À quelle mélodie/quel rythme vous attendez-vous ? Et comment imaginez-vous l'atmosphère de la chanson ? Faites des hypothèses. (environ 50 mots)

Pendant l'écoute

6. Écoutez la chanson « La Terre meurt » une première fois en entier. Comment décririez-vous la mélodie ? Quelles sont vos premières impressions ? (environ 50 mots)

7. Mettez-vous par groupes de six personnes. Répartissez-vous, dans chaque groupe, les six couplets de la chanson, puis répondez aux questions ci-dessous.

1er couplet (0'11"–0'37") • 2e couplet (0'37"–1'02") • 3e couplet (1'28"–1'53")
4e couplet (1'53"–2'19") • 5e couplet (2'45"–3'10") • 6e couplet (3'10"–3'36")

a) Notez les mots ou phrases clés que vous avez compris dans votre couplet, ainsi qu'un message contenu dans ce dernier. Présentez ensuite vos réponses aux membres de votre groupe.

Couplet n° ________

Mots/phrases clés : ______________________________

Message : ______________________________

____

b) Écoutez une nouvelle fois la chanson en entier. Complétez le cas échéant vos réponses et/ou celles des membres de votre groupe. Présentez ensuite votre travail devant la classe.

i Chaque groupe peut présenter ses réponses dans un tableau dessiné sur une feuille A3.

8. Réécoutez le refrain (1'02"–1'28").

a) Complétez les lignes suivantes puis expliquez brièvement leur message. (maximum 50 mots par ligne)

- *La Terre* ______________________ */ L'homme s'en fout / Il vit* ______________________
- *Il met à son gré, à* ______________________ */ Le monde sens* ______________________
- *La Terre* ______________________ */ Où* ______________________ *?*

b) Voici des procédés stylistiques ou poétiques employés dans les lignes de l'exercice précédent. Dites à quels passages ils correspondent.

la personnification • la question rhétorique • la rime • le pléonasme (répétition, dans un énoncé, de mots qui ont le même sens)

9. Relisez votre réponse à l'exercice 5. Les hypothèses que vous aviez formulées avant l'écoute de la chanson se sont-elles confirmées ? La mélodie souligne-t-elle les paroles selon vous ? (50–100 mots)

Après l'écoute

10. D'après la chanson « La Terre meurt », qui est responsable des problèmes environnementaux ? Cochez, puis justifiez votre réponse. (50–100 mots)

a) ◯ le capitalisme **b)** ◯ les hommes politiques **c)** ◯ les humains

11. Un peu de vocabulaire : le langage familier

a) Voici plusieurs lignes de la chanson contenant des mots et expressions issus du langage familier. Essayez de trouver leurs équivalents dans le langage courant.

- *L'homme* ***s'en fout*** (refrain) : ______________________
- *Quand il* ***trafique*** *les récoltes* (4e couplet) : ______________________
- *Il* ***se fiche de*** *l'existence* (5e couplet) : ______________________
- ***Crèvent*** *d'abandon et d'oubli* (6e couplet) : ______________________

© paroles 8. et 11. : page 78

b) À votre avis, pourquoi trouve-t-on souvent des mots et expressions familiers dans les paroles de chansons ? Formulez votre réponse en une ou deux phrases.

____

____

12. Les marches pour le climat ont prouvé ces dernières années que des jeunes, partout dans le monde, avaient pris conscience de l'urgence d'agir pour la planète. Exprimez leur colère ou leurs revendications sous la forme d'un 7e couplet en essayant de faire des rimes croisées comme dans la chanson « La Terre meurt ».

13. Quelles actions peut-on faire pour la planète au quotidien (à la maison, à l'école, durant son temps libre…) ? Notez vos réponses sur un poster que vous afficherez dans la classe. (au moins 5 réponses)

Pour aller plus loin

14. Regardez le clip de « La Terre meurt » : quelles images illustrent les paroles de la chanson ? Donnez au moins trois exemples.

YouTube Charles Aznavour, «La Terre meurt», 27.02.2009

15. La musique est-elle un moyen efficace pour faire passer des messages citoyens / politiques ? Développez votre réponse. (50–100 mots)

Paroles *Écrites par : Charles Aznavour | Éditeur : Copyright Charles Aznavour*

Bigflo & Oli : les frérots sympas du rap français

Florian Ordonez *alias Bigflo (à gauche) et son cadet Olivio (Oli). Les frères toulousains, inséparables depuis l'enfance, écrivent leurs textes ensemble.*
| PHOTO : *Getty Images*

Raconter des histoires avec des mots simples et efficaces : voilà le credo de Florian et Olivio Ordonez. Les deux frères *originaires de* Toulouse, connus sous le nom de Bigflo & Oli, ont *sorti* trois albums depuis 2015 et *conquis* de nombreuses familles françaises avec leur rap anti-bad boys, sans *gros mots* ni grosses voitures.

1 *«OÙ EST passé* mon hip-hop ? Où sont passés les métaphores, les *oxymores*, les *litotes* ? », s'interrogeaient en 2012 Bigflo & Oli dans « Pourquoi pas nous ? », l'un de leurs premiers clips. Trois ans plus tard, les rappeurs toulousains rappellent, dans leur premier album «*La cour des grands*», *les fondamentaux* de ce style musical : qualité de l'écriture, *sincérité* et authenticité du message.

2 Cette attitude *détonne* dans le milieu du rap français qui semblait *s'être perdu* ces dernières années entre chansons *creuses* et commerciales d'un côté, et titres vulgaires et agressifs de l'autre. Et pourtant le duo trouve vite son public. Le succès inattendu de leur premier *opus* est *confirmé* par celui de leurs albums suivants : « La vraie vie » (2017), *récompensé par* plusieurs prix musicaux, puis « La vie de rêve » (2018), *sacré* « Meilleur album de musique urbaine » aux dernières *Victoires de la Musique*.

3 Leur style *singulier* vient tout d'abord de leur envie de raconter des histoires avec des mots simples et efficaces : « C'est un peu *nul*, mais notre premier public, ça a été nos parents. Il fallait donc écrire des choses qu'ils comprenaient. Notre père est argentin, il *a du mal avec le verlan*. Et notre mère, elle nous *tapait* si on mettait des *insultes* dans nos morceaux ! », confiait Bigflo aux *Inrocks* en 2015.

4 Ce sont surtout des passionnés de musique à la *formation* solide – *batterie*, piano et trompette au *conservatoire* de Toulouse – et aux influences *variées* : un père musicien et chanteur de salsa, une mère d'origine algérienne *éprise de* chanson française. Cette richesse s'entend de plus en plus clairement, en particulier dans leur dernier album avec des chansons comme « Maman » ou « Il est où ton frère ? ». Résultat : la musique de Bigflo & Oli a de plus en plus d'*adeptes*. À la fin des concerts, il n'est pas rare qu'on leur dise : « Je déteste le rap, mais vous j'adore ! »

5 Certains leur *reprochent* ce mélange des genres ainsi qu'une image trop *lisse* en les *qualifiant de* « rappeurs des familles », rappeurs « *bon enfant* » ou encore rappeurs « *innocents* ». Bigflo & Oli *assument* ces critiques et défendent leur *démarche* : « On s'est donné pour mission de montrer que le hip-hop *avait de l'intérêt* et on a décidé de *casser les codes* », déclarent-ils au journal Le Parisien fin 2018.

6 Mais ne les croyez pas *superficiels pour autant*. Les deux frères sont capables d'*aborder* des thèmes complexes comme l'identité, l'*avortement* ou encore les relations familiales dans une langue *juste* et poétique. Depuis leurs débuts, leurs textes ont *gagné en profondeur* tout en gardant authenticité et *finesse*.

Sylvain Pousset
Mars 2019 © Revue de la Presse

Légende **LE CADET** h.: der jüngere Bruder **(la cadette)** – **inséparable** unzertrennlich
0–1 **frérot** (m.) (fam.) Brüderchen – **être originaire de** aus … stammen – **sortir** h.: herausbringen – **conquérir** erobern, h.: begeistern – **un gros mot** ein Schimpfwort – **où est passé…?** wo ist … abgeblieben? – **oxymore** (m.) (Stilfigur) Oxymoron, Gegensatzpaar – **litote** (f.) (Stilfigur) Litotes (doppelte Verneinung oder Verneinung des Gegenteils) – **jouer dans la cour des grands** (fig.) mit den Großen mithalten, **cour** h.: Schulhof – **les fondamentaux** (m. pl.) die Grundlagen – **sincérité** (f.) Aufrichtigkeit
2 **détonner** aus dem Rahmen fallen – **se perdre** s. verirren – **creux, creuse** h. (fig.): hohl, nichtssagend – **opus** (m.) h.: Album – **confirmer** bestätigen – **être récompensé par/de qc** mit etw. ausgezeichnet werden – **être sacré…** zu … gekrönt werden, h.: als … ausgezeichnet werden – **les Victoires** (f. pl.) **de la musique** (jährlich stattfindende frz. Musikpreisverleihung)
3–4 **singulier, -ière** h.: einzigartig – **nul** (fam.) h. gem.: peinlich – **avoir du mal avec qc** mit etw. Schwierigkeiten haben – **le verlan** (Jugendslang, bei dem die Wortsilben vertauscht werden, z.B. **verlan = l'envers**) – **taper qn** jdn. schlagen – **insulte** (f.) Beleidigung, Beschimpfung – **Les Inrocks** gem.: die frz. Kulturzeitschrift Les Inrockuptibles – **formation** (f.) h.: Ausbildung – **batterie** (f.) h.: Schlagzeug – **conservatoire** (m.) h.: Musikschule – **varié** vielfältig – **être épris/e de qc** h.: e. Liebhaber/in e-r S. sein – **adepte** (m./f.) h.: Fan
5–6 **reprocher qc à qn** jdm. etw. vorwerfen – **lisse** glatt, h. (fig.): fade, ohne Ecken und Kanten – **qualifier qn de** jdn. bezeichnen als – **bon enfant** gutmütig, harmlos – **innocent** h.: naiv, arglos – **assumer** h.: akzeptieren – **démarche** (f.) Heran-, Vorgehensweise – **avoir de l'intérêt** durchaus interessant sein – **casser les codes** mit den Normen brechen – **superficiel, -ielle** oberflächlich – **pour autant** dennoch – **aborder** ansprechen – **avortement** (m.) Abtreibung – **juste** h.: treffend – **gagner en profondeur** an Tiefe gewinnen – **finesse** (f.) h.: Scharfsinn

« Notre premier public, ça a été nos parents »

1 POUR Florian et Olivio Ordonez, la famille, c'est important. Les deux frères l'ont montré en 2019, lors de la cérémonie des Victoires de la musique. *Récompensés de* deux prix, dont un dans la prestigieuse catégorie « Artiste interprète masculin de l'année », Bigflo & Oli ont eu une idée originale : ils ont *demandé à* leurs parents *de monter sur scène* à leur place pour recevoir l'un de leurs trophées. Une belle *manière*, pour le duo, de remercier ceux qui les ont toujours *soutenus* et leur ont inspiré plusieurs chansons.

2 Les Toulousains sont nés d'un père argentin, Fabian, *un intermittent du spectacle* qui un jour, *débarqua* à Marseille, *sans papiers*, mais des rythmes et des mélodies de salsa plein la tête. « On n'avait pas d'argent/Petite *famille modeste*/Papa était chanteur/Maman *faisait le reste* », raconte Bigflo dans « Florian », titre de leur troisième album « La vie de rêve », *sorti* en 2018.

3 Dans une autre chanson de cet album, « Maman », on fait connaissance avec Patricia, la mère de Florian et Olivio : une Française d'origine algérienne, employée dans *une agence de voyage*. « Quelle mère, quelle mère *encourage* ses fils *à* faire du rap ? », s'interrogent les *frangins d'une même voix*. S'ils font le portrait d'une femme stricte (« Maman très *sévère*, ambiance militaire, *fallait pas déconner* »), ils rendent surtout hommage à celle qui leur a appris « à *grandir* sans *gâteries* ». Et qui aujourd'hui continue d'*assister à* tous leurs concerts, au premier rang.

Laure Wallois
Janvier 2022 © Revue de la Presse

Patricia et Fabian Ordonez, *les parents des rappeurs Bigflo & Oli, lors des Victoires de la musique en 2019.*
| PHOTO : *Getty Images*

Légende **LES VICTOIRES** (f. pl.) **de la musique** (jährlich stattfindende frz. Musikpreisverleihung)
1–2 **être récompensé de/par qc** mit etw. ausgezeichnet werden – **demander à qn de faire qc** jdn. darum bitten, etw. zu tun – **monter sur scène** auf die Bühne gehen – **manière** (f.) Art – **soutenir qn** jdn. unterstützen – **un intermittent du spectacle** ein auf Produktionsdauer Beschäftigter u. a. im Bereich Musik – **débarquer** von Bord gehen, h.: ankommen – **sans papiers** ohne gültige Aufenthaltspapiere – **une famille modeste** gem.: e-e in bescheidenen Verhältnissen lebende Familie – **faire le reste** h. gem.: den Laden schmeißen – **sortir** h.: herausbringen
3 **une agence de voyage** ein Reisebüro – **encourager qn à faire qc** jdn. dazu ermuntern, etw. zu tun – **frangin** (m.) (fam.) Bruder – **d'une même voix** einstimmig – **sévère** streng – **fallait pas déconner** (fam.) gem.: man durfte keinen Mist bauen – **grandir** h.: heranwachsen – **les gâteries** (f. pl.) h. gem.: das Verwöhntwerden – **assister à qc** e-r S. beiwohnen

Avant l'écoute

« Plus tard » (2018)

1. Faites connaissance avec Bigflo & Oli.

a) Quels sont les clichés associés aux chanteurs de rap ? Complétez.

Clichés associés à l'apparence : ______________________________

____

Clichés associés au caractère : ______________________________

____

b) Regardez maintenant la photo illustrant le portrait de Bigflo & Oli. Décrivez l'apparence des deux frères. Correspondent-ils à l'image que vous vous faites des rappeurs ? (environ 50 mots)

2. Lisez le chapeau et les paragraphes 1 et 2 du portrait. Quelle idée Bigflo & Oli se font-ils du rap ? Complétez.

a) Le type de rap qu'ils proposent : ______________________________

____

____

b) Le type de rap qu'ils refusent : ______________________________

____

____

3. Lisez les paragraphes 3 et 4. Indiquez si les affirmations suivantes sont vraies ou fausses et justifiez votre réponse en citant le texte.

a) Bigflo & Oli ont pris l'habitude d'écrire des textes simples et sans vulgarités car ils ont commencé à rapper pour leurs parents. ◯ vrai ◯ faux

____

____

b) Les deux frères ont encore peu d'expérience dans la musique. ◯ vrai ◯ faux

____

____

c) Leurs chansons plaisent aussi à ceux qui n'écoutent pas de rap. ◯ vrai ◯ faux

____

____

4. Lisez les paragraphes 5 et 6. Quelle phrase résume le mieux les critiques faites à Bigflo & Oli ?

a) Ils font trop de chansons sur le thème de la famille. ◯

b) Ils sont un peu fades et leurs textes sont trop simples et naïfs. ◯

c) Leurs chansons abordent des thèmes trop complexes. ◯

Pendant l'écoute

5. Découvrez la chanson « Plus tard ».

a) Écoutez la chanson jusqu'à 0'28''. Quels instruments de musique reconnaissez-vous ?

◯ la trompette ◯ la guitare ◯ la batterie ◯ le piano ◯ la basse

b) Comment décririez-vous la musique de ce premier extrait ?

____

____

____

6. Écoutez cette fois la chanson du début à 2'02''.

a) Reliez le début et la fin des lignes du 1er couplet.

A	*Quand j'étais petit je pensais qu'en louchant trop*	1	*je pensais que les adultes disaient toujours vrai*
B	*Que les cils sur mes joues*	2	*je pouvais me bloquer les yeux*
C	*Quand j'étais petit*	3	*je pensais que la lune me suivait*
D	*Et la nuit dans la voiture*	4	*avaient le pouvoir d'exaucer les vœux*

A ________ B ________ C ________ D ________

b) Complétez les phrases du pré-refrain.

Mais depuis qu'est-ce qui a ____________________________ *? Pas grand-chose*

Je n'ai pas rangé les ____________________________ *que je me pose*

c) Bigflo & Oli répètent une phrase plusieurs fois dans le refrain. Laquelle ?

____

d) Reliez le début et la fin des lignes du 2e couplet.

A	*Quand j'étais petit j'entendais un monstre*	1	*si je marchais pas sur le passage piétons*
B	*Je pensais mourir dans la lave*	2	*les gens vivaient sans couleur*
C	*Qu'à l'époque des photos en noir et blanc*	3	*pouvait soigner la douleur*
D	*J'étais sûr qu'un bisou de ma mère*	4	*qui vivait sous ma maison*

A ________ B ________ C ________ D ________

7. Écoutez maintenant le 3e couplet (à partir de 2'02").

a) Complétez les paroles en entourant la bonne proposition.

Aujourd'hui en ***grattant / achetant*** *un ticket je me vois millionnaire*

Je me dis tout ira mieux si je souris ***à ma mère / à la banquière***

Aujourd'hui je me dis que si ***j'attends / j'apprends*** *quelqu'un fera ma vaisselle*

Et que même si je ***grandis / vieillis*** *mes parents sont immortels*

b) Quelle est la différence entre ce couplet et les deux premiers ?

____

____

____

© paroles 6. et 7.: page 84

8. Écoutez la fin de la chanson (à partir de 2'22"). Est-ce que Bigflo & Oli s'interrogent encore sur le monde dans lequel ils vivent ? Justifiez votre réponse en citant les paroles.

____

____

Après l'écoute

9. Faites part de vos impressions.

a) Quel(s) adjectif(s) choisiriez-vous pour décrire cette chanson ?

○ triste ○ heureuse ○ nostalgique ○ agressive ○ drôle

b) Citez les paroles pour justifier votre choix.

____

____

____

10. Sur le modèle de la chanson, décrivez dans un couplet plusieurs choses auxquelles vous croyiez quand vous étiez petit (utilisez l'imparfait).
Faites ce travail en petits groupes. Vous pouvez poster votre couplet sur YouTube, dans les commentaires du clip de la chanson, ou l'afficher dans la classe.

11. En vous inspirant de vos souvenirs d'enfance, écrivez une phrase sur le modèle suivant.

« Quand j'étais petit(e), je pensais que le père Noël existait. Mais un jour, j'ai vu mes parents acheter des cadeaux et j'ai appris la vérité ! »

« Quand j'étais petit(e), je pensais que ______________________________

____

____ . »

12. En petits groupes, discutez des points suivants. 

a) Pourquoi est-ce que les adultes utilisent la phrase « Tu comprendras plus tard » pour répondre aux questions des enfants ?

b) Que pensez-vous de cette réponse ?

c) Vous a-t-on déjà adressé cette réponse (ou une réponse similaire) lorsque vous étiez enfant ?

d) Comment réagiriez-vous si un enfant vous posait une question difficile ?

13. Et vous ? Y a-t-il des choses que vous ne comprenez toujours pas aujourd'hui ?

Pour aller plus loin

14. Regardez le clip de la chanson. Observez bien les images puis répondez aux questions ci-dessous. (environ 50 mots par réponse)

YouTube Bigflo & Oli, « Plus tard », 20.11.2018

a) Qu'est-ce qui est étrange dans ce clip ?

b) Bigflo & Oli sont surpris lorsqu'ils croisent des enfants dans la rue. Et vous ? Quelles scènes du clip vous surprennent le plus ?

c) À votre avis, que veulent montrer Bigflo & Oli à travers ce clip ?

Paroles

Écrites par : Florian José Ordonez/Olivio Laurentino Ordonez/Clément Augustin Libes

Éditeur : Copyright Golden Child/BMG Rights Management GmbH, Berlin

Warner Chappell France/La Main Invisible Publishing/Neue Welt Musikverlag GmbH, Hamburg

La Taniere SEC Les Editions

Chanter l'amour

Édith Piaf : « À quoi ça sert l'amour ? » (1962) | Page 5

1. **Exemple de réponse :**

Un roman a souvent pour sujet la vie d'un personnage fictif, dont on suit les aventures et mésaventures, les hauts et les bas, les joies et les peines. Lorsqu'on lit la biographie d'Édith Piaf, on réalise qu'elle a eu une vie mouvementée. Elle a connu la misère lorsqu'elle était jeune, elle a commencé sa carrière d'artiste en chantant dans la rue pour gagner un peu d'argent et c'est grâce à Louis Leplée notamment qu'elle a finalement connu un destin exceptionnel. Comme un personnage de roman, elle a subi des revers : des ruptures amoureuses, la mort tragique de son grand amour Marcel Cerdan, la maladie… La biographie de Piaf pourrait être comparée à un roman d'amour ou d'éducation, dans lequel le lecteur voit la jeune Piaf grandir, se confronter à la réalité et traverser les épreuves de la vie.

2. **Réponses :**

a) la haine • **b)** le mal-être, le malaise, la souffrance
c) l'insatisfaction (f.), la frustration • **d)** le malheur
e) la laideur • **f)** attrister -, faire souffrir qn
g) haïr, détester • **h)** la tristesse, le chagrin
i) la méfiance • **j)** joyeux, heureux, content
k) pleurer • **l)** le souci, l'inquiétude (f.)

3. Il s'agit d'une sculpture multicolore en forme de cœur. Le rouge y est présent deux fois : au centre et sur les contours. Entre ces deux cœurs rouges se trouvent deux autres cœurs, peints en bleu et vert. J'aime cette sculpture parce qu'il s'en dégage une impression très positive. Il en va de même de l'amour, que j'associe au bonheur. Symbole de vie, il est essentiel dans les rapports humains.

4. **Exemple de réponses :**

a) simple, entraînante, répétitive

b) régulier, rapide

c) grave, expressive

d) gaie, positive

5. **a) 1er couplet :** amour • aimer • s'explique pas • comme ça

2e couplet : souffrir • pleurer • aimer • la joie • triste

3e couplet : décevant • heureux • connu • miel

4e couplet : tout est fini • chagrin • pour toi • souvenir de joie

b) Exemple de réponses :

- « Oui ! L'amour peut nous rendre triste, mais aussi nous laisser des souvenirs heureux. »
- « Exactement ! Même si l'amour peut avoir des côtés négatifs, il rend la vie plus douce et agréable. »
- « C'est ça ! Il faut toujours croire en l'amour ! »

6. Dans sa réponse à Théo Sarapo, Édith Piaf chante qu'il faut toujours croire en l'amour et ne jamais désespérer *(À chaque fois j'y crois ! / Et j'y croirai toujours…).* Dans la conclusion, la chanteuse s'adresse à « toi », la personne aimée avec laquelle elle se sent bien et qui lui correspond *(Avec toi je suis bien ! ; C'est toi qu'il me fallait !).* On peut deviner que ce « toi » désigne directement Théo Sarapo (et non un « toi » fictif), puisque la chanteuse a épousé ce dernier en 1962. Son message est le suivant : il faut considérer la personne qu'on aime comme si elle était à la fois notre premier et dernier amour *(Mais toi, t'es le dernier ! / Mais toi, t'es le premier ! / Avant toi, y'avait rien).* Sur ce point, la réponse de Piaf va plus loin que mes hypothèses.

7. D'un côté, je trouve que la musique souligne le contenu des paroles : la mélodie et le rythme sont répétitifs, un peu comme les histoires d'amour qui commencent et se terminent de la même manière (la rencontre, les hauts et les bas, la rupture). D'un autre côté, il manque selon moi, dans cette chanson sur le thème de l'amour, des passages musicaux plus doux et émouvants.

8. D'après la chanson, l'amour n'est pas une chose rationnelle. Si les histoires d'amour semblent « insensées » (1er couplet), c'est sans doute parce que, comme le chante Piaf, « l'amour ne s'explique pas ! » (1er couplet). Il s'agit d'une « chose » (1er couplet) qu'on ne peut pas contrôler, qui nous « prend tout à coup » (1er couplet). C'est d'ailleurs pour cette raison que l'on utilise parfois l'expression « coup de foudre » pour décrire une première rencontre. De plus, même si l'amour peut provoquer de la peine (*Que l'amour fait souffrir, / Que l'amour fait pleurer,* – 2e couplet), on ne peut pas s'empêcher d'aimer, et heureusement ! Les côtés positifs de l'amour prennent toujours le dessus sur ses aspects négatifs (*Même quand on l'a perdu / L'amour qu'on a connu / Vous laisse un goût de miel* – 3e couplet).

9. Je pense qu'on ne peut pas toujours aimer qui l'on veut. Parmi les obstacles à l'amour, citons la différence d'âge, le statut social ou encore les traditions culturelles et/ou religieuses. Même dans une société tolérante et ouverte, où l'on a l'impression de pouvoir aimer qui l'on veut, certaines relations amoureuses (les relations homosexuelles par exemple) peuvent être mal perçues par l'entourage proche (la famille, les amis) ou le milieu dans lequel on évolue.

10. **a)** Durant la décennie 1960, …

- les territoires coloniaux s'émancipent : en 1960, les anciens territoires d'Afrique-Occidentale française et d'Afrique-Équatoriale française deviennent indépendants.
- la jeunesse se révolte et remet en cause les structures établies : les manifestations étudiantes mènent aux événements de Mai 1968 en France. C'est l'époque de la culture hippie et de la libération sexuelle.

- le pacifisme et l'antimilitarisme s'affirment dans un monde ébranlé par les guerres : la guerre du Viêt Nam (1954–1975), la guerre d'Algérie (1954–1962), la troisième guerre israélo-arabe ou « guerre des Six Jours » (1967), la guerre du Biafra (1967–1970).

b) À la fin de la chanson, Édith Piaf déclare à propos de l'amour : *À chaque fois j'y crois !* Elle dit ensuite à son partenaire : *Mais toi, t'es le dernier ! / Mais toi, t'es le premier !* Ces lignes sous-entendent qu'on peut aimer plusieurs fois dans sa vie. Elles annoncent, selon moi, la remise en cause des structures établies – ici celle du mariage – par la jeunesse de Mai 68. Par ailleurs, l'évocation de la relation entre « je » et « toi » *(Avec toi, je suis bien ! / C'est toi que je voulais ! / C'est toi qu'il me fallait ! …)* me semble aussi très moderne et émancipée : les sentiments des deux amoureux ne regardent personne.

11. a) C'est sans toi que je ne peux pas vivre.
C'est l'amour qui nous donne de la joie.
C'est de la joie que l'amour nous donne.

b)
- Dans une phrase elliptique : *Qui aime cette chanson ? – Moi.*
- Après une préposition : *sans toi, avec lui*
- Pour souligner le sujet de la phrase (mise en relief) : *Moi, j'aime les chansons d'amour. / C'est moi qui aime les chansons d'amour.*

12. Le cœur est considéré comme le siège des sentiments, c'est pourquoi il symbolise l'amour. Dans cette citation de Blaise Pascal, il est opposé au mot « raison », employé dans deux sens différents. Au pluriel, ce terme désigne d'abord les causes de l'amour. Utilisé ensuite au singulier, il désigne la faculté pensante, qui permet à l'être humain de connaître, juger et de se conduire selon des principes. La raison, d'après Blaise Pascal, ne « connaît point » les causes de l'amour, c'est-à-dire qu'elle ne peut les expliquer. On peut ainsi mettre en parallèle cette citation avec la première phrase d'Édith Piaf dans la chanson : *L'amour ne s'explique pas !* (1er couplet).

13.–14. Solutions individuelles

Pomme : « Grandiose » (2019) | Page 11

1. Pomme aborde peut-être les thèmes suivants dans ses chansons : les perspectives d'avenir de sa génération, l'environnement, le réchauffement climatique, les réseaux sociaux et leurs dangers, le harcèlement, la xénophobie, le racisme…

2. a) Pomme a une voix « légère mais profonde » (introduction), « chaude et souple » (§ 2).

b) L'ambiance de ses concerts est « très intimiste » (§ 5). Cette atmosphère est créée par un accompagnement musical simple (une guitare ou une autoharpe).

c) Pomme aborde des thèmes personnels dans ses chansons. Elle parle « de ses complexes, de ses angoisses » (§ 4) ou de son homosexualité (texte page 11, § 1). Elle évoque aussi des sujets qui la touchent, comme la PMA (texte page 11, § 2) et des thèmes universels comme la mort (§ 4).

d) Pomme interprète ses chansons avec sensibilité et douceur (texte page 11, § 1).

3. a) impressionnant, magnifique, majestueux, sublime, admirable, …

b) un paysage, une vue, un site, un spectacle, une œuvre, un acte, …

4. Au début du clip de « Grandiose », on voit une petite fille qui avance dans l'obscurité, une lampe de poche à la main. Peut-être qu'elle erre dans la nuit ou qu'elle traverse un tunnel et en cherche la sortie. Cette petite fille est seule et paraît sans défense. Elle a aussi l'air triste. Est-elle en train de faire un cauchemar ? Elle a deux yeux dans un œil, mais cette anomalie ne l'empêche pas de poursuivre son chemin. On a l'impression qu'elle voit normalement. À la fin de l'extrait, des formes noires, rouges et bleu foncé surgissent de tous les côtés. Elles ressemblent vaguement à des lapins. Cela crée une atmosphère angoissante.

5. a) La chanson est douce et véhicule de la tendresse mais aussi une certaine tristesse.

b) La mélodie est simple. Elle fait penser à une boîte à musique que l'on actionne pour endormir un enfant.

c) La voix est douce et très claire. On a l'impression que Pomme chante dans un souffle.

d) Les accords au piano se répètent, ce qui rend la mélodie un peu monotone.

6. Solution individuelle

7. Réponses et justifications :

✔ **a)** Je ne peux pas faire ce que je veux : *Depuis que je n'ai pas le droit* (1er et 3e couplets)

✔ **c)** Je me sens différente des autres : *Depuis que mes amis me mentent/Qu'ils disent que je suis comme les autres* (1er couplet) ; *L'amour qui déborde de moi/Qui dit : "Tu n'es pas comme les autres"* (2e couplet)

✔ **e)** J'aimerais avoir un enfant et lui donner de l'amour : *Je veux un enfant dans le ventre/ Qu'on s'aime, qu'on ait une vie grandiose* (1er et 3e couplets)

8. **« on » :** la société et peut-être aussi l'entourage de la chanteuse (ses parents, ses amis).

« moi » : la chanteuse qui veut avoir un enfant et à qui « on » refuse ce droit.

« toi » : sans doute l'enfant que la chanteuse désire et à qui elle aimerait offrir une vie « grandiose ».

9. a) La chanteuse se sent différente des autres et donc probablement exclue par eux. Elle est isolée et n'a pas les mêmes droits que les autres. En lui interdisant d'avoir un enfant, la société la prive de transmettre l'amour qui est en elle. Elle se sent discriminée.

   b) La société aimerait que les individus qui la composent se ressemblent. Elle promet une vie « grandiose » à ceux qui se conforment à ses normes *(… la vie qu'on nous vend bien tracée –* refrain*)*.

10. a) *J'ai dit : "Moi, je veux un enfant" / Avant de connaître l'amour* (2e couplet)

    b) *Bats-toi, t'auras une vie grandiose* (2e couplet)

    c) *Grandiose, la vie que j'avais inventée / Pour toi, …* (refrain) ; *Depuis que je n'ai pas le droit / Je veux un enfant dans le ventre* » (3e couplet)

11. a) **Exemple de réponses :**

la petite fille

- Elle avance dans un tunnel avec une lampe de poche.
- Elle descend un premier escalier, traverse un liquide puis monte un second escalier.
- Elle fait tomber sa lampe de poche.
- Agenouillée, elle frappe le sol avec son poing.
- Elle contemple son reflet dans le sol glacé.
- Elle pleure.
- Elle s'échappe en courant et traverse un tunnel.
- Elle tient une allumette.
- Elle observe un lapin.
- Elle tombe dans le vide.
- Elle atterrit dans un champ de champignons géants.

les autres personnages / créatures

- Des créatures ayant une forme de lapin assaillent la petite fille.
- Une de ces créatures se loge dans son ventre, avant d'en ressortir.
- Sous le sol sont regroupées plusieurs silhouettes.
- Des garçons et des filles s'embrassent et font la fête.
- Les silhouettes pointent du doigt la petite fille. Se moquent-elles d'elle ?
- Une main brise la glace et semble vouloir s'emparer de la fillette.
- Un lapin dort dans une cavité du tunnel.
- Divers visages apparaissent pendant la chute de la petite fille, suivis de plusieurs personnes : s'agit-il de souvenirs ?
- Le lapin fait quelques bonds à la fin du clip. Il a deux yeux dans un œil, comme la fillette.

b) Le clip met en évidence l'opposition entre la petite fille et les autres personnages / créatures. La petite fille ne peut pas réaliser son rêve d'avoir un enfant car elle n'est pas comme les autres. Elle est seule et souvent menacée ou montrée du doigt par les autres personnages / créatures. Seul le lapin semble inoffensif. Peut-être symbolise-t-il le réconfort tandis que les autres personnages / créatures incarnent le danger. Il pourrait aussi représenter l'enfant qu'elle rêve d'avoir. En effet, comme elle, il a deux yeux dans un œil. Il pourrait s'agir de son enfant fantasmé, qui lui ressemblerait.

12. Selon moi, le clip illustre bien les paroles de la chanson. L'image de la petite fille qui frappe le sol avec son poing exprime de manière concrète sa frustration et son combat intérieur (*J'aurais sûrement dû taire parfois / L'envie si grande et menaçante* – 1er couplet). Les différentes couleurs du clip représentent les divers états d'âme de la fillette et les difficultés qu'elle traverse. Le rouge est agressif, le noir est angoissant et le nuances de bleu créent une atmosphère froide, voire glaciale. Les couleurs de la scène finale sont au contraire chaleureuses. Celle-ci illustre la vie « grandiose » rêvée par la fillette. Ce jardin ensoleillé est un paradis qui « n'existe pas » (refrain).
L'allusion à la religion qu'on trouve dans le 3e couplet n'est pas visible dans le clip. Par ailleurs, la chute de la fillette, à la fin de la vidéo, insiste plus fortement sur son manque de repères et son désespoir que le texte de la chanson. Les différents visages qui apparaissent ensuite insistent selon moi sur cette perte d'identité et soulignent le fait que la fillette ne trouve pas sa place au sein de la société.

13. a) Dans cette phrase, le subjonctif est employé après une expression de la volonté *(Je veux que/qu')*.

b) **Exemple de réponses :** Je suis triste que la société soit intolérante. • Je ne supporte pas que les autres me pointent du doigt. • Il faut que nous trouvions un moyen de combattre cette intolérance. • J'aimerais que mes amis me disent la vérité.

14. Le titre de la chanson est étonnant : en réalité, la vie « grandiose » que la chanteuse aimerait offrir à son enfant lui est inaccessible car il s'agit d'un idéal réservé à ceux qui sont « comme les autres ». Si l'on ne se conforme pas aux normes sociales, on ne mènera jamais cette vie « grandiose » que nous promet la société (*… la vie qu'on nous vend bien tracée –* refrain). Les minorités, notamment LGBT, doivent se battre pour obtenir les mêmes droits que les autres citoyens, et ainsi aspirer à cet idéal de vie (*Bats-toi, t'auras une vie grandiose* – 2e couplet). Le chemin est long pour ceux qui, en raison de leur orientation sexuelle, ne suivent pas une voie « toute tracée ». La chanteuse est obligée de subir des discriminations, voire l'exclusion sociale. Elle mène une vie de combat qui est loin d'être « grandiose ».

15.–16. **Solutions individuelles**

Le chanteur et la société

Georges Brassens : « La mauvaise réputation » (1952) | Page 18

1. Georges Brassens est un chanteur très populaire en France. Il a disparu il y a 40 ans mais ses chansons ont toujours autant de succès.

2. **Quand il était enfant :** Son père était anticlérical et libre penseur. (§ 2)

   Quand il était adolescent : Il a commis des vols et a été condamné à une peine de prison avec sursis, ce qui lui a valu une mauvaise image dans sa ville natale de Sète. (§ 2 et 3)

   Quand il était jeune homme : Il a dû participer au service du travail obligatoire en Allemagne. (§ 4)

3. a) **vrai.** § 5 : *il dépeint avec compassion ceux que la société juge ou rejette : les marginaux et anticonformistes (…), les étrangers (…), les prostituées…*

   b) **faux.** § 5 : *Sa marque de fabrique, ce sont des chansons poétiques et drôles, qui se moquent de la bêtise humaine.* / § 6 : *Brassens fait aussi l'éloge des bonheurs simples dans des morceaux (…) comme « Le Parapluie », qui relate une rencontre amoureuse…*

   c) **faux.** § 6 : *Le poète les travaille longuement afin de trouver le mot juste…*

4. a) le texte : on entend distinctement la guitare mais la musique n'est pas au premier plan. C'est avant tout le texte, l'histoire qui sont importants.

   b) **Exemple de réponses :** « réputation », « les brav's gens », « personne », …

5. a) A 3 • B 1 • C 2 • D 5 • E 4

   b) Le narrateur n'est pas apprécié par les habitants de son village, qui disent du mal de lui et considèrent qu'il n'est pas fréquentable, peu importe ce qu'il fait.

6. a) jour • reste • lit • musique • regarde • clairon • route • doigt • manchots

   b) à la guerre : marcher au pas signifie marcher en cadence, comme les soldats. Le clairon est un instrument essentiellement militaire.

   c) C'est le jour de la fête nationale en France, pendant laquelle un défilé militaire est organisé à Paris.

7. a) courir • poursuivi • pommes • route • voleur(s)

   b) Le narrateur aide un voleur de pommes à s'échapper.

8. a) promis • corde • passeront • Rome • pendu • aveugl's

   b) Le narrateur craint d'être lynché *(S'ils trouvent une corde à leur goût, / Ils me la passeront au cou)*. Il sait qu'il risque sa vie s'il ne se comporte pas selon les normes fixées par les « brav's gens ».

9. **L'anticonformisme :** *En suivant les ch'mins qui n'mènent pas à Rome ;* (couplet final)

   L'antimilitarisme : *La musique qui marche au pas, / Cela ne me regarde pas.* (2e couplet)

   La liberté de choix : *En suivant mon ch'min de petit bonhomme ;* (1er couplet)

   L'anarchisme : *En laissant courir les voleurs de pommes ;* (3e couplet)

10. *Mais les brav's gens n'aiment pas que / L'on suive une autre route qu'eux…*

11. a) ironique

    b) Il s'agit des deux derniers vers de chaque couplet : les seules personnes qui ne rejoignent pas la foule en colère sont les handicapés, parce qu'ils ne le peuvent pas. Les muets ne disent pas de mal de lui, les manchots ne le montrent pas du doigt, les culs-de-jatte ne se ruent pas sur lui et les aveugles ne pourront pas le voir pendu.

12. **a) – b) Solutions individuelles**

13. Cette chanson pouvait être à l'époque très choquante. Georges Brassens se moque des « brav's gens » qui seraient prêts à lyncher quiconque ne vivrait pas comme eux. Or, en 1952, juste après la Seconde Guerre mondiale, l'esprit patriotique était très développé et le respect de la morale et des institutions comme l'armée était une valeur fondamentale.

14. a) **Exemple de réponses :** passer son bac • faire des études • se marier • fonder une famille • acheter une maison • …

    b) Solution individuelle

Gauvain Sers : « Les Oubliés » (2018) | Page 26

1. La photo montre au premier plan une banderole sur laquelle est écrit en lettres rouges : « Non à la fermeture d'une classe ». Le slogan est suivi d'un dessin d'écolier représentant une maison illuminée par un soleil. La façade que l'on voit en arrière-plan est peut-être celle d'un bâtiment de l'école primaire qui va bientôt fermer. Je suppose que les parents d'élèves essaient de la défendre.

2. Sur la photo illustrant son portrait, on peut voir Gauvain Sers qui chante et joue de la guitare, sans doute lors d'un concert. Il porte un t-shirt et une casquette. Il a l'air simple et sympathique.

3. Gauvain Sers naît à Limoges et passe son enfance à la campagne. Il étudie à Toulouse et déménage ensuite à Paris où il commence à donner des petits concerts. Aidé par le chanteur Renaud, il se fait peu à peu connaître du grand public. Ses chansons abordent certains problèmes de la France d'aujourd'hui comme

la crise des gilets jaunes. Elles portent sur des thèmes chers à Gauvain Sers, en particulier la vie dans les zones rurales dont il reste proche.

4. a) L'école de Ponthoile doit fermer parce qu'elle est en sous-effectif. Il n'y a pas assez d'élèves dans l'école.

b) Oui. Le chanteur accepte la demande de l'instituteur comme l'indique la phrase « Gauvain Sers ne restera pas sourd à cet appel ». Il est sensible à sa demande et y répond en acceptant d'écrire une chanson.

c) Cette expression désigne la fermeture progressive, dans les communes rurales, des petits commerces et des services publics comme les écoles, la poste, les équipements sportifs…

5. **Exemple de réponses :**

avantages

- une meilleure qualité de vie (moins de pollution, plus d'espace)
- des logements moins chers
- une proximité entre les habitants (≠ anonymat des grandes villes)

inconvénients

- moins d'offres de travail
- des infrastructures (sportives, médicales, commerciales, culturelles…) moins développées
- la nécessité de se déplacer en voiture

6. On entend des guitares, des violons, une batterie. Le genre musical est la chanson française. La musique me semble un peu triste et mélancolique.

7. école • fermeture • classe • rentrée • campagne

8. regrouper • centre commercial • épicerie • médecins • banques

9. (C'est) le dernier, le moindre de leurs problèmes.

10. **a)** allure (f.) • **b)** ici : personne isolée, qui habite loin de la ville (« un coin paumé » : un lieu isolé, éloigné) • **c)** partir, s'enfuir • **d)** village (m.) **e)** enfant (m.) • **f)** bonbon (m.)

11. **Exemple de réponses :**

a) la tristesse • la mélancolie

b) *pleure* (1er couplet) ; *oubliés, paumés* (refrain) ; *Y a plus personne* (2e couplet) ; *triste, silence* (3e couplet) ; *tourner la page* (couplet final)

12. **b)** Il est scandaleux de fermer une école parce qu'elle n'a pas assez d'élèves.

13. Il s'agit des responsables politiques qui, selon Gauvain Sers, ne se soucient pas assez du quotidien des habitants des campagnes. La chanson leur reproche de vouloir transformer le pays en un « centre commercial », c'est-à-dire de ne prendre leurs décisions qu'en suivant une logique économique de rentabilité et non sociale.

14. **a) faux.** Les élèves sont des « chiffres ». Les décisions sont prises en fonction d'intérêts économiques.

b) vrai. Les instituteurs sont considérés comme des « sous-fifres ».

c) faux. Les responsables ministériels ne rencontreront jamais ces élèves qui restent des anonymes pour eux *(Ceux qui n'verront jamais ni de loin ni de près / Un enfant dans les yeux)*.

15. **Exemple de réponse :**

« J'ai travaillé de nombreuses années dans cette école et me suis investi pour que les élèves y apprennent dans de bonnes conditions. L'école joue un rôle important dans le village et ne doit pas fermer. Sinon, les élèves devront aller dans une autre école à une dizaine de kilomètres de leurs maisons. La vie va disparaître dans le village, qui deviendra encore moins attractif. »

16. Les habitants du village pourraient prendre diverses initiatives, par exemple :

- ouvrir un bar associatif, une bibliothèque, un foyer pour les jeunes…
- prévoir des moments de convivialité autour d'événements annuels : fête du village, fête de l'école, fête des voisins…
- organiser des événements culturels en faisant participer la population : un petit festival de musique, de théâtre ou une exposition photographique…
Ces événements pourraient même être organisés avec les habitants des villages voisins.

17. **Exemple de réponse :**

« Quel clip triste ! Les élèves rient au début de la vidéo, ils sont heureux de travailler et d'apprendre ensemble. Mais quand on les voit ensuite, individuellement et en gros plan, chanter les paroles de Gauvain Sers, ils ont l'air vraiment nostalgiques. Peut-être qu'ils pensent aux bonnes journées qu'ils ont passées dans cette classe avec leur instituteur. À la fin du clip, en voyant la classe se vider, on a presque envie de pleurer. »

Chansons féministes

Juliette Gréco : « Je suis comme je suis » (1951) | Page 33

1. **Exemple de réponses :**

a) Sur les deux photos, Juliette Gréco est habillée de noir, ses cheveux noirs tombent de la même façon, ses yeux sont soulignés du même trait de maquillage noir. Elle accompagne son chant de ses mains dans les deux cas. On peut aussi dire que la même force, le même charisme se dégage de la chanteuse.

b) Juliette Gréco avait une allure et une façon de bouger et de chanter très reconnaissables, très marquantes. Elle utilisait notamment ses mains pour mieux exprimer les paroles de ses chansons.

2. **Réponses et justifications :**

a) **faux.** Juliette Gréco a toujours été élégante. (§ 2)

b) **vrai.** Son apparence ne correspondait pas tout à fait à son caractère. Elle était souvent souriante et pétillante. (§ 2)

c) **vrai.** Elle a connu Boris Vian, Jacques Prévert, Georges Brassens, Jean-Paul Sartre, Simone de Beauvoir, Jacques Brel, Serge Gainsbourg, ... (§ 3)

d) **faux.** Elle a peu connu son père et a vécu la guerre : sa mère et sa sœur ont été déportées dans un camp de concentration, et elle a elle-même passé un mois en prison pendant cette période. (§ 4)

e) **vrai.** À la Libération, Saint-Germain-des-Prés était fréquenté par des gens très divers : des intellectuels, des soldats américains, des artistes… (§ 5)

f) **vrai.** Elle était pauvre, vivait au jour le jour, n'avait pas de logement fixe. (§ 5)

g) **faux.** On raconte qu'après la guerre, Gréco a proposé de manière spontanée d'organiser des cafés-concerts dans un bar parisien. C'est alors que des intellectuels et artistes lui ont écrit des chansons. (§ 5)

3. En 1951, en France, la société était encore très traditionnelle et conservatrice. Même si les femmes avaient obtenu le droit de vote en 1944, on attendait avant tout d'elles qu'elles se marient, qu'elles aient des enfants, qu'elles soient de bonnes épouses et de bonnes mères. Leurs possibilités de choisir leur destin étaient réduites : les femmes mariées n'avaient pas le droit de travailler sans l'accord de leur mari ; le divorce et les questions de sexualité étaient tabous ; l'avortement ainsi que la vente et la promotion des moyens de contraception étaient encore interdits.

4. Cette photo en noir et blanc montrant Miles Davis et Juliette Gréco a été prise au Club Saint-Germain à Paris, comme l'indique la légende. Miles Davis, assis sur un pan de mur, est habillé d'un costume-cravate. Peut-être qu'il vient de donner un concert. Juliette Gréco, debout, habillée d'une élégante robe noire, semble le regarder avec admiration. Elle se tient droite et la tête haute. Ils se regardent dans les yeux et semblent avoir des sentiments l'un pour l'autre : du respect ou de l'amour. On apprend dans le premier paragraphe du portrait qu'ils ont été amants.

5. a) à la chanson française

b) Juliette Gréco chante de manière claire et articulée. On a parfois l'impression qu'elle récite un poème et qu'elle parle plus qu'elle ne chante. Dans le premier paragraphe du portrait, on trouve la description suivante : « on pourrait (…) reconnaître en seulement quelques mots déclamés ce phrasé particulier, cette manière de réciter des textes, quelque part entre le "spoken word" et la mélodie. »

6. les cheveux • les lèvres • les dents • le teint

7. faite • rire • aime • faute • même • faite • plus • moi

8. arrivé • quelqu'un • enfants • simplement • aimer • questionner • plaire • changer

9. b) La chanteuse a vécu une histoire d'amour qui est maintenant terminée.

10. **Exemple de réponses :**

a) joyeuse • fière • honnête

b) joyeuse : *Quand j'ai envie de rire / Oui, je ris aux éclats* (refrain) • fière : *Je suis faite pour plaire* (1er couplet) • honnête : *Est-ce ma faute à moi / Si ce n'est pas le même / Que j'aime chaque fois ?* (refrain)

11. **L'apparence physique :** Il faut accepter et assumer son apparence physique. On ne la choisit pas et on ne peut pas la changer. Il ne faut donc pas accorder d'importance aux commentaires et critiques des autres.

La vie amoureuse : Elle ne regarde personne et chacun doit être libre de choisir qui il aime, même si cela choque la morale.

12. **Exemple de réponse :**

Oui, les messages de la chanson sont très actuels. Encore aujourd'hui, il est important de répéter…

- qu'il faut assumer qui l'on est et ne pas chercher à se conformer aux normes sociales ou aux attentes des autres.
- qu'une femme a le droit, tout comme un homme, d'avoir plusieurs aventures amoureuses.
- que chacun doit pouvoir aimer qui il veut.

13. **Solution individuelle**

Pour défendre Juliette Gréco, les élèves peuvent rappeler…

- que la chanteuse accepte son apparence physique et décide d'en être fière.
- qu'elle assume d'aimer un homme noir et n'hésite pas à le défendre.
- qu'elle revendique sa liberté et son indépendance amoureuse et sexuelle.

14. **La ferveur :** § 7 – *Voilà ce qui caractérise le plus sa carrière : sa capacité à franchir les barrières, à les exploser.*

Le refus : § 6 – *Gréco prend la main du maître d'hôtel, crache dedans et le splendide couple s'en va. /* § 8 – *Gréco (…) s'est levée médiatiquement contre le Front national, ou toute boursouflure d'extrême droite qui a toujours jalonné la société française de l'après-guerre.*

L'amour : § 6 – *Elle rencontre Miles Davis, vit avec le jazzman une histoire passionnée.*

Le combat : § 8 – *Elle a été proche du Parti communiste, puis compagne de route de combats humanistes (…). Gréco a enchaîné les galas pour des causes liées aux droits de l'homme, …*

15. Cette chanson fait écho à certaines revendications du mouvement féministe.

16. En 1951, au moment où la chanson « Je suis comme je suis » a été enregistrée, le féminisme n'en était qu'à ses débuts et l'éducation des femmes était encore très conservatrice et traditionnelle. Interpréter cette chanson était donc particulièrement courageux. La vie et les choix de Juliette Gréco, comme son histoire d'amour avec Miles Davis par exemple, montrent qu'elle n'a pas eu peur de suivre ses convictions et ses sentiments, tout en sachant que cela pouvait lui attirer des critiques. Elle était une femme libre et émancipée.

Angèle : « Balance ton quoi » (2018) | Page 40

1. Angèle est une chanteuse belge qui est, depuis 2018, l'un des nouveaux visages de la pop francophone. Sur la photo, elle est souriante et semble heureuse. Dans sa famille, il y a d'autres artistes : sa mère est comédienne et humoriste, son père est chanteur et son frère est rappeur.

2. **a) faux.** Angèle a appris la musique avec une professeure de piano (dans le cadre de cours privés).

b) faux. Elle a appris le piano et non la guitare.

c) vrai. Elle a pris des leçons de piano une fois par semaine jusqu'à ses 18 ans.

3. C • E • D • B • F • A

4. A b) • B a) • C b)

5. Sur cette photo, on peut voir une main sur laquelle ont été tracées deux inscriptions. L'une, inscrite sur la paume, est facilement déchiffrable : #MeToo. L'autre, répartie sur quatre doigts, est moins lisible. On devine #BalanceTonPorc, un mot-dièse qui fait penser au titre de la chanson d'Angèle.

6. Le mouvement #MeToo est un mouvement social qui encourage les femmes à dénoncer les viols et les agressions sexuelles dont elles ont été victimes et/ou le harcèlement sexuel qu'elles subissent au quotidien. Le mouvement vise à sensibiliser la société à la fréquence de ces agressions, bien plus communes que ce qui est souvent supposé. Ce mouvement s'est fait connaître dans la presse et sur les réseaux sociaux en 2017 à la suite de l'affaire Weinstein, du nom du producteur de cinéma américain Harvey Weinstein. Celui-ci était alors accusé de viol et d'agressions sexuelles par de nombreuses actrices. Reconnu coupable de ces faits en 2020, il a été condamné à 23 ans de prison.

7. Angèle chante d'une voix calme et douce. Il s'agit d'une chanson joyeuse et enjouée, sans agressivité. Pourtant, on comprend que la chanson dénonce un problème.

8. animal • rap • normal • codes • sale • balance

9. **a)** belle • bête • drôle • laide • aide • problème • toi • poèmes

b) Si une femme est belle, elle est en général bête.

Si une femme est drôle, elle est en général laide.

Si une femme a du succès, c'est en général grâce à ses relations, et non à son talent ou son travail.

c) Angèle exprime son agacement et son mépris envers les auteurs de remarques et comportements sexistes en faisant une allusion directe à une expression vulgaire *(Donc laisse-moi te chanter / D'aller te faire en-mm…)*. Elle les insulte poliment pour leur faire comprendre qu'elle en a assez, que les actes et paroles misogynes doivent cesser.

10. **a) Solution individuelle**

b) Justifications possibles : *Même si tu parles mal des filles / Je sais qu'au fond t'as compris* • *Un jour peut-être ça changera*

11. **b)** Angèle en a assez de devoir supporter des remarques et des comportements sexistes.

12. Dans la presse, Angèle est souvent réduite à son physique.

Des maisons de disques ont essayé de la formater pour la faire correspondre aux stéréotypes de la chanteuse pop.

13. La chanteuse est habillée d'une robe en mousseline et satin dans des tons bleus et roses, elle a l'air d'une poupée ou d'une princesse de conte de fées. Elle est blonde, mince, bien coiffée et souriante. Elle donne l'impression d'être une jeune fille sage et bien élevée, pourtant elle fait un geste vulgaire – un doigt d'honneur – qui ne correspond pas du tout à cette image. Le message « Go fuck yourself » imprimé sur sa robe est lui aussi en contradiction avec son apparence

innocente. Angèle caricature ici un cliché sexiste, celui de la jeune fille docile et obéissante.

14. Angèle s'amuse de sa propre image dans cette vidéo et interprète plusieurs rôles pour mieux dénoncer le sexisme :
- Allongée dans une pose décontractée, elle affiche avec fierté de longs poils sous les bras.
- Déguisée en juge et en avocate, elle se fait défenseuse de la cause des femmes.
- Formatrice vêtue de violet, couleur des féministes, elle dirige une « académie anti-sexisme ».

15. l'éducation (symbolisée dans le clip par l'académie anti-sexisme).

16. **c)** la société

Dans le clip, aussi bien des hommes que des femmes sont accusés de sexisme (Angèle elle-même apparaît brièvement sur le banc des accusés dans le tribunal). Les élèves de l'académie anti-sexisme sont principalement des hommes mais il y a aussi des femmes qui participent à la formation. En mettant en scène des hommes et des femmes de tous âges et de toutes origines, le clip montre que c'est l'ensemble de la société qui est responsable du sexisme.

17. – 18. Solutions individuelles

Chanter son pays natal

Jacques Brel : « Le Plat Pays » (1962) | Page 47

1. **Solution individuelle**

2. **a)** La Belgique se trouve en Europe de l'Ouest et dispose d'une façade maritime sur la mer du Nord. Ses pays limitrophes sont la France, les Pays-Bas, l'Allemagne et le Luxembourg. Elle est plus petite que le Land allemand de Rhénanie-du-Nord-Westphalie (sa superficie est de 32 545 km²) et compte 11,1 millions d'habitants (en 2021). Ses fleuves les plus importants sont la Meuse (950 km) et l'Escaut (430 km). Sa capitale est Bruxelles. D'autres villes connues du pays sont Anvers (Antwerpen), Gand (Gent), Charleroi, Liège, Bruges (Brugge) ou encore Namur. La Belgique est un état fédéral qui comprend trois Régions : la Flandre (ou Région flamande), la Wallonie (ou Région wallonne) et Bruxelles-Capitale. La Belgique est constituée de plaines et de bas plateaux qui s'élèvent au sud-est vers le massif des Ardennes (culminant à 694 m d'altitude). Son climat est océanique et tempéré : il y fait doux et humide et les précipitations y sont régulières. Pour finir, le pays compte trois langues officielles : le néerlandais, le français et l'allemand, parlé par une minorité à l'est du pays. *(Sources : Encyclopédie Larousse ; Wikipédia)*

b) Solution individuelle

3. **a)** le ciel, les nuages, les rochers, les vagues • **b)** le ciel, la mer, les vagues, l'eau • **c)** la mer, les vagues, le(s) vent(s), les flots • **d)** le sable, le soleil, le drapeau • **e)** les voiliers, l'écume • **f)** le fond de l'eau, une épave, les nuages • **g)** la marée, le ciel, les nuages • **h)** la marée, les dunes, les vagues • **i)** le vent, les vagues, la pluie • **j)** les dunes, le drapeau

4. Pour commencer, on peut dire que le déferlement des vagues évoque un mouvement continu, qui ne s'arrête jamais. Jacques Brel a lui aussi toujours été en mouvement : de l'enfance (« Ce fils de bourgeois a eu vite envie d'aller voir ailleurs » – § 3) jusqu'à la fin de sa vie, qu'il passera sur les îles Marquises (§ 6). L'image du déferlement des vagues rappelle également l'intensité qui a caractérisé la vie de Brel (« Il a vécu plusieurs vies en une. » – § 1). Comme les vagues qui se brisent sur le rivage, le chanteur a mis beaucoup de force et d'énergie dans toutes ses entreprises. Sans doute avait-il un fort caractère, à l'image d'une mer agitée, voire déchaînée. Le mouvement des vagues peut aussi faire penser aux aléas de la vie : Brel a connu des hauts et des bas, des succès et des moments difficiles, notamment une fin de vie marquée par la maladie. Enfin, on peut remarquer que les vagues, et plus généralement la mer, attirent le regard et fascinent. De la même manière, Jacques Brel, qui a écrit des « chansons immortelles » (§ 7), continue de fasciner plusieurs décennies après sa mort.

5. **Exemple de réponses :**

a) On entend une seule guitare et un air très doux en arrière-plan, peut-être joué par une flûte. Dans le couplet final, on reconnaît également des violons.

b) La voix du chanteur est très expressive, grave et mélancolique. Jacques Brel roule légèrement les « r », comme pouvait le faire aussi Édith Piaf dans ses chansons.

c) La chanson me semble un peu triste et mélancolique. On a l'impression que le chanteur va annoncer une mauvaise nouvelle ou qu'il fait ses adieux à quelqu'un.

6. **a)** vague(s) • mer • vent • ciel • gris • bas, basse • dunes • pays • marée(s) • montagnes • pluie • noirs

b) Parmi les mots entendus, le substantif « pluie » et plusieurs adjectifs (gris, bas / basse, noirs) donnent une image assez négative de la Belgique et évoquent même une ambiance triste et pesante. Peut-être que le chanteur tient à brosser un portrait réaliste et authentique de son pays natal, sans l'embellir.

c) Malgré la description plutôt négative qu'il fait de son pays natal, le chanteur y reste attaché comme l'exprime le vers « Le plat pays qui est le mien ». Il est né en Belgique et y a grandi : ce pays fait partie de son identité. Ce n'est pas la beauté des paysages ou le climat qui compte : le chanteur n'adopte pas une perspective touristique. Il décrit un pays qu'il connaît de l'intérieur, par tous les temps et à toutes les saisons.

7. a) **terrain vague :** terrain vide de cultures et de constructions, dans une ville

b) **des vagues de dunes :** Cette expression évoque au sens figuré le paysage formé par les dunes de la mer du Nord. Celles-ci ressemblent à des vagues avec leurs sommets ondulés. • **les vagues :** les vagues de la mer du Nord

c) **de vagues rochers :** des rochers aux contours flous, imprécis (parce qu'ils sont enveloppés de brume)

8. a) Au « plat pays », les seuls sommets que l'on aperçoit de loin sont les clochers des cathédrales (ou des églises), c'est pourquoi le chanteur les compare à des montagnes.

b) La figure de Frida la Blonde symbolise la Flandre (Frida est un prénom d'origine germanique), où l'on parle le néerlandais. Quant à Margot (prénom d'origine latine), elle incarne la Wallonie, francophone. Ainsi, cette ligne unit les deux grandes Régions de la Belgique.

c) Après la Seconde Guerre mondiale, des milliers d'Italiens ont quitté leur pays pour aller travailler dans les mines belges. Celles-ci se trouvaient principalement dans la province de Hainaut, en Wallonie, où s'écoule le fleuve l'Escaut. Cette ligne fait donc référence à la présence italienne en Belgique.

9. **Solution individuelle. Justifications possibles :**

a) Le chanteur exprime son attachement à son pays natal à travers cette chanson.

b) Dans cette chanson, la description d'un « plat pays » agité par les éléments de la nature (vagues, marées, vent) peut être mise en parallèle avec la vie mouvementée de Jacques Brel.

c) L'expression « contre vents et marées », qui signifie « malgré tous les obstacles », exprime la stabilité du plat pays face aux mouvements et à l'agitation de la nature.

10. a) **la monotonie :** *à jamais* (1er couplet), *avec le fil des jours pour unique voyage* (2e couplet)

b) **la solitude, le vide :** *terrain vague* (1er couplet), *unique bonsoir* (2e couplet)

c) **la mélancolie :** *le cœur à marée basse* (1er couplet), *infiniment de brumes* (1er couplet), *chemins de pluie* (2e couplet), *ciel si bas/gris, perdu, pendu* (3e couplet)

d) **le mouvement :** *vagues, marées, à venir* (1er couplet), *nuages* (2e couplet), *vent, s'écarteler* (3e couplet), *descendrait, devient, reviennent, tremble* (couplet final)

e) **la stabilité :** *rochers, à jamais, tenir* (1er couplet), *cathédrales, montagnes, clochers, mâts de cocagne, diables en pierre* (2e couplet)

11. Dans chaque couplet de la chanson, on trouve des anaphores (« avec », « et », « quand » sont répétés en début de ligne). On note aussi plusieurs parallélismes (ex.: *Avec un ciel si bas qu'un canal s'est perdu ; Avec un ciel si gris qu'un canal s'est pendu* – 3e couplet). En employant ces figures de style, l'auteur de la chanson, Jacques Brel, veut sans doute nous montrer que malgré l'agitation de la nature, il y a des situations ou des événements qui se répètent et des lieux, comme le plat pays, qui ne changent pas.
Dans le couplet final, Brel personnifie le vent et emploie des métaphores pour exprimer son mouvement et sa direction : *Quand le vent est au rire quand le vent est au blé / Quand le vent est au sud écoutez-le chanter.* Les verbes « rire » et « chanter » créent ici une atmosphère heureuse et chaleureuse. C'est en effet l'été qui est évoqué à la fin de la chanson.

12. Jacques Brel ne fait pas une présentation scientifique de la Belgique en citant des données historiques, politiques ou géographiques par exemple. Ce qu'il veut exprimer dans sa chanson, c'est d'abord une atmosphère et les émotions qu'il ressent lorsqu'il pense à son pays natal. S'il évoque la géographie, le climat et l'histoire de la Belgique (l'immigration italienne dans le couplet final), c'est avant tout pour donner un ton poétique à sa chanson. La dernière ligne de chaque couplet (« Le plat pays qui est le mien ») rappelle enfin qu'il s'agit d'un portrait personnel, donc subjectif, de la Belgique. Elle révèle aussi l'attachement de Jacques Brel au « plat pays » même si celui-ci présente plusieurs aspects négatifs (le mauvais temps, l'absence de relief).

13. **Solution individuelle**

Note : *La réponse devra tenir compte du fait que la Belgique est présentée sous un jour plutôt positif à la fin de la chanson.*

14.–16. **Solutions individuelles**

Gaël Faye : « Petit pays » (2017) | Page 53

1. a) La photo représente une scène au bord d'un lac. La légende indique qu'elle a été prise au Burundi, un pays d'Afrique centrale. Deux garçons noirs assis sur des bateaux de pêche regardent l'horizon. Il se dégage de cette image une atmosphère calme et paisible.

b) **Solution individuelle**

Note : *Dans votre monologue, vous pouvez par exemple parler de votre journée (l'école, la pêche…), de votre famille ou de vos amis. Assis au bord de ce lac, vous pensez à l'avenir, à votre futur métier ou aux décisions que vous devrez prendre plus tard : peut-être que vous quitterez votre famille pour aller vivre dans une autre région ou un autre pays.*

2. a) pour y faire des études supérieures • pour y trouver du travail et subvenir aux besoins de leur famille • pour fuir un pays dans lequel ils ne sont plus en sécurité (à cause de la guerre ou des persécutions qu'ils y subissent) • …

b) faire reconnaître son diplôme • trouver un travail • obtenir une carte de séjour • se faire comprendre (barrière de la langue) • se faire des amis • trouver un logement • s'adapter au climat • …

3. Exemple de réponses :

périodes / moments de bonheur

- l'enfance passée au Burundi avec sa famille
- la vie de quartier avec ses copains de « l'impasse » à Bujumbura
- la découverte de sa passion pour le rap, le hip hop et l'écriture

épreuves / difficultés

- la guerre civile burundaise puis le génocide des Tutsis au Rwanda en 1994
- l'exil en France en 1995
- le tiraillement entre l'Afrique et la France et les tourments du métissage

4. Exemple de réponses :

a) la mélodie : douce, triste, mélancolique, simple, calme • la voix de Gaël Faye : douce, grave • le rythme : accentué, rapide • l'accompagnement musical : simple, discret, minimaliste

b) J'ai l'impression que le chanteur déclame un poème.
- Cette chanson me fait penser à du rap ou du slam.
- On dirait que le chanteur s'adresse au « petit pays ».

c) Le refrain en kirundi nous transporte en Afrique et rend la chanson authentique. Gaël Faye veut sans doute donner une voix au Burundi, ce « petit pays » qui est si peu connu des Occidentaux. Le message de l'artiste est peut-être le suivant : « Écoutez les habitants de ce pays ».

5. a) **A** *Afrique des Grands Lacs* • **B** *(les jardins de) bougainvilliers* • **C** *une feuille et un stylo* **D** *la guerre* • **E** *sous le soleil ; les paysans* **F** *volcans*

b) C • A • D • B • E • F

c) Solution individuelle

6. a) – b) Exemple de réponses :

Groupe A (2e couplet) : Afrique, amours, certitude, petit pays, trois mois, laissé seul, Zaïre, reconstruire, ossements, cauchemars, vie, chanson, écriture, pardon, exil, étoile filante …

Groupe B (3e couplet) : amertume, phrases, feutre, amour, aurore boréale, auréole, textes, m'expliquer mes peines, doutes, havre de paix, Afrique, cadavre, meurt, sommeil, laissez-moi vivre, rêve …

Groupe C (conclusion) : petit pays, pleure(s), ris, meurs, vis, blessures, je t'aime …

7. a) Je me souviens de mon enfance dans mon pays natal.

b) Mon « petit pays » a beaucoup souffert.

c) Je ne trouve plus le sommeil et les doutes m'envahissent.

d) J'éprouve les joies et les peines de mon pays natal.

8. Exemple de réponse :

Je trouve que la musique ne souligne pas toujours les propos du chanteur. La mélodie me semble plus monotone et moins émouvante que le texte. Cependant la voix du chanteur, grave et douce, s'accorde bien avec le contenu des paroles et dans la conclusion, le rythme met en valeur les parallélismes : *Quand tu pleures, je pleure / Quand tu ris, je ris / Quand tu meurs, je meurs / Quand tu vis, je vis.*

9. Exemple de réponses :

- *insomniaque / (Afrique des Grands) Lacs :* Le chanteur ne parvient pas à s'endormir. L'écriture de ses souvenirs d'enfance, en Afrique, l'apaise.
- *(ma vie) naguère / (avant la) guerre :* La guerre civile burundaise et le génocide des Tutsis au Rwanda sont très présents dans les souvenirs d'enfance du chanteur.
- *carte postale / pétale / cristal / terre natale :* Le chanteur adresse une carte postale à son pays natal, qui lui est cher et précieux. Cette « carte postale » est en réalité la chanson « Petit pays ».

10. a) Dans ces lignes, le chanteur fait référence au génocide des Tutsis par les Hutus au Rwanda, pays voisin du Burundi. Le génocide a duré trois mois, du 7 avril au 17 juillet 1994. L'expression « tout l'monde » désigne la communauté internationale, qui est restée très passive durant le génocide.

b) Le chanteur se sent peut-être coupable de vivre loin de son « petit pays » et de l'avoir abandonné. On peut supposer, si l'on se réfère au portrait de Gaël Faye, qu'il a quitté le Burundi au début de la guerre civile, dans les années 90. Il se trouve aujourd'hui toujours en exil (« errance européenne » – 3e couplet) et veut réparer son absence en œuvrant pour son pays natal, c'est pourquoi il déclare : « Petit pays : te faire sourire sera ma rédemption ».

11. Réponses et justifications :

✔ **a)** en écrivant une « carte postale » à son pays natal : *Une feuille et un stylo apaisent mes délires d'insomniaque ; Petit pays je t'envoie cette carte postale* (1er couplet)

✔ **c)** en se dévouant à son « petit pays » : *Petit pays : te faire sourire sera ma rédemption / Je t'offrirai ma vie, à commencer par cette chanson* (2e couplet)

12. Exemple de réponses :

a) Dans le 1er couplet, le chanteur s'adresse à son pays natal, le Burundi, comme à une personne aimée : *Ma rose, mon pétale, mon cristal, ma terre natale.* Il déclare même, à la fin de ce couplet, qu'il veut « s'envoler » avec lui. Dans le 2e couplet, son dévouement *(Je t'offrirai ma vie, à commencer par cette chanson)* révèle l'amour qu'il ressent pour sa terre natale. On peut ajouter que l'adjectif « petit » dans « petit pays » ne renvoie pas seulement à la petite taille du Burundi, c'est aussi un mot affectueux dans la bouche du chanteur. Enfin, dans la conclusion, sa déclaration d'amour au pays natal est clairement exprimée : *Petit pays, je t'aime, ça j'en suis sûr.*

b) La conclusion révèle un rapport très intime entre le chanteur et son pays natal. Elle fait penser, par sa syntaxe simple et ses figures de style, au serment de fidélité d'un couple. L'union du chanteur et du « petit pays » est en effet soulignée par la proximité des pronoms « je » et « tu » et par les parallélismes : *Quand tu pleures, je pleure / Quand tu ris, je ris / Quand tu meurs, je meurs / Quand tu vis, je vis.*

13. a) *Ça fait longtemps les jardins de bougainvilliers* (1er couplet)

b) *Bujumbura, t'es ma luciole dans mon errance européenne* (3e couplet)

c) *Une feuille et un stylo apaisent mes délires d'insomniaque* (1er couplet) • *L'écriture m'a soigné quand je partais en vrille* (2e couplet) • *J'ai gribouillé ces quelques phrases de la pointe neutre de mon feutre* (3e couplet)

d) *Petit pays : te faire sourire sera ma rédemption / Je t'offrirai ma vie à commencer par cette chanson* (2e couplet)

14.–15. Solutions individuelles

Chansons pour la paix et le vivre-ensemble

Barbara : « Göttingen » (1964) | Page 62

1. Exemple de réponses :

a) Sur la photo, Barbara a l'air sérieuse et mélancolique. Ses yeux et ses cheveux noirs contrastent avec la blancheur de son visage. On apprend dans l'introduction du portrait qu'elle était surnommée « la dame en noir » et « la longue dame brune » : peut-être était-elle toujours habillée de noir sur scène ? Sur cette photo, le regard de la chanteuse est intense. Elle semble habitée par sa chanson.

b) La chanson à texte est un genre de musique populaire très apprécié en France à partir des années 50. Les représentants de ce genre se distinguent des chanteurs dits de « variété » par la qualité littéraire de leurs paroles. On peut citer parmi eux Charles Trenet, Léo Ferré, Georges Brassens, Charles Aznavour, Serge Gainsbourg, Jacques Brel, Barbara, Jean Ferrat, ou encore Anne Sylvestre.

2. Barbara a dû fuir avec sa famille les persécutions nazies pendant la Seconde Guerre mondiale.

Elle a été victime d'inceste de la part de son père lorsqu'elle était enfant.

3. intense • originale • mélancolique • charismatique • élégante

4. En 1964, onze ans après la fin de la Seconde Guerre mondiale, la relation entre la France et l'Allemagne est encore marquée par la méfiance. Le traité de l'Élysée (1963) scellant l'amitié entre les deux pays vient d'être signé : la réconciliation franco-allemande n'en est qu'à ses débuts.

5. a) Exemple de réponse : Barbara chante avec délicatesse et avec émotion.

b) Paris et Göttingen

6. la Seine • le bois de Vincennes • quais • rengaines • l'amour

7. savent • histoire • rois • s'offense • contes • commence • roses • matins • Verlaine • mélancolie

8. A 3 • B 1 • C 4 • D 2

9. *Le temps du sang et de la haine* (9e couplet) • *sonnerait l'alarme ; reprendre les armes ; verserait une larme* (couplet final)

10. b) aux Français

Barbara emploie à plusieurs reprises le pronom « nous » (dans le 5e couplet par exemple : *Bien sûr nous, nous avons la Seine / Et puis notre bois de Vincennes*), qui renvoie aux Français.

11. a) Paris et Göttingen ont de nombreux points communs. Ces deux villes sont belles toutes les deux (1er et 5e couplets) et dégagent l'une comme l'autre une atmosphère poétique et mélancolique (6e couplet). Enfin, Paris et Göttingen symbolisent dans la chanson respectivement la France et l'Allemagne.

b) Il existe des liens culturels forts entre la France et l'Allemagne. Barbara pense que les Allemands s'intéressent à la France (*Ils savent mieux que nous, je pense, / L'histoire de nos rois de France,* – 3e couplet). De la même façon, les contes des frères Grimm sont très connus en France (4e couplet). Barbara nous fait aussi comprendre que les Français et les Allemands ne sont pas si différents (*Mais les enfants ce sont les mêmes, / À Paris ou à Göttingen.* – 8e couplet) et surtout, qu'ils peuvent se comprendre même s'ils ne parlent pas la même langue (7e couplet).

c) La guerre ne doit plus jamais se reproduire (*Ô faites que jamais ne revienne / Le temps du sang et de la haine* – 9e couplet). Elle a tué des millions d'hommes, de femmes et d'enfants et provoqué des souffrances en France comme en Allemagne (*Mon cœur verserait une larme / Pour Göttingen, pour Göttingen.* – couplet final). Dans le 8e couplet, Barbara rappelle que les enfants « sont les mêmes » dans les deux pays : les enfants allemands et les enfants français – et par extension les Allemands et les Français – ont tous souffert de la guerre.

12. Barbara hésite dans un premier temps à se produire à Göttingen. Cela peut s'expliquer par le traumatisme de la guerre. En effet, pendant une grande partie de son enfance, elle a dû se cacher avec sa famille pour échapper à la déportation. On peut donc comprendre qu'elle ait longuement réfléchi avant de se rendre en Allemagne.

13. *Et que personne ne s'offense,* (4e couplet)
Et tant pis pour ceux qui s'étonnent (8e couplet)
Et que les autres me pardonnent, (8e couplet)

14. La réponse dépend de la perspective que l'on adopte. La possibilité d'une nouvelle guerre entre la France et l'Allemagne nous paraît aujourd'hui peu probable. Cependant, en 1964, lorsque Barbara a écrit et composé « Göttingen », la paix était encore récente, donc fragile. Il n'y avait certes plus de conflit armé entre la France et l'Allemagne, mais les cent dernières années avaient été marquées par trois guerres opposant les deux pays : la guerre franco-allemande de 1870, la Première Guerre mondiale (1914–1918) et la Seconde Guerre mondiale (1939–1945).

15. Solution individuelle

16. Exemple de réponses (liste à compléter en fonction du niveau des élèves) :

- La France et l'Allemagne jouent toutes les deux un rôle important dans l'Union européenne. On parle en effet du « moteur franco-allemand ».
- Les deux pays ont des entreprises communes (ex.: Airbus, Arte).
- Des échanges culturels et linguistiques permettent de créer des liens, à l'échelle locale, entre les Français et les Allemands.
- …

17. La chanson « Göttingen » a peut-être permis à Barbara de mieux vivre avec ses souvenirs d'enfance liés à la guerre. Pour cette artiste sensible, écrire, composer et interpréter des chansons a toujours été un moyen d'exprimer ses souffrances et de les surmonter.

Zaz : « On ira » (2013) | Page 67

1. Pendant la pandémie, des familles confinées ont collé des dessins d'arcs-en-ciel à leurs fenêtres pour transmettre un message d'espoir. L'arc-en-ciel, c'est la lumière qui réapparaît dans le ciel pendant ou après la pluie. Il évoque donc la promesse d'un avenir meilleur après une période difficile. Dans la Bible, il est le signe de l'alliance de Dieu avec les hommes après le déluge. Il est donc un symbole d'union (entre le ciel et la terre), de paix, d'harmonie. Pendant la crise du coronavirus, il a aussi été un signe de solidarité. Souvent accompagnés d'un message de soutien („Alles wird gut"), ces dessins ont sans doute apporté un peu de réconfort aux personnes qui les ont aperçus dans la rue, en particulier à celles qui étaient seules pendant les confinements. Enfin, les différentes couleurs de l'arc-en-ciel représentent la diversité des êtres humains. Elles ornent d'ailleurs le drapeau de la communauté LGBT, symbolisant la diversité sexuelle et de genre.

2. la solidarité / l'entraide • le réconfort / le soutien • la disponibilité • l'écoute attentive • l'empathie • le don / la générosité • le maintien du lien / du contact • …

3. expressive • vivante • dynamique • souriante • généreuse • charismatique • …

4. a) Naissance et enfance : née Isabelle Geffroy en 1980 ; veut devenir chanteuse dès l'âge de 4 ans

Adolescence : quitte le foyer familial à 15 ans pour habiter chez sa sœur aînée ; quitte l'école sans diplôme

Formation : entre au Centre d'information et d'activités musicales de Bordeaux (Ciam) en 2000

Débuts de carrière : fait des tournées en France et à l'étranger avec divers groupes musicaux ; se produit dans des cabarets de province, des bals et des mariages

Premiers succès : gagne la finale du Festival Génération Réservoir en 2009 ; son premier disque se vend à un million d'exemplaires ; reçoit une Victoire de la Musique pour « Je veux », tube de l'été 2010

b) **Son univers musical :** un mélange de blues, jazz, soul et musiques du monde

Le style de ses chansons : des mélodies simples ; des textes qui parlent du quotidien et évoquent des thèmes universels comme le bonheur

5. a) A 3 • B 7 • C 5 • D 9 • E 2 • F 6 • G 8 • H 1 • I 4

Les paires sont formées d'éléments étroitement liés et souvent inséparables. Dans la plupart des cas, un élément constitue une partie de l'autre : le pétale et la rose, la note et la chanson, le toit et la maison, la tour Eiffel et Paris. Plusieurs éléments sont liés entre eux par la nature et ne peuvent exister l'un sans l'autre (le rivage et la mer, la terre et le ciel, le bébé et les parents). On rencontre aussi un contenant et son contenu (la tasse et le thé) et un élément qui désigne l'autre (la Loire est un fleuve).

b) **Solution individuelle**

6. Le titre « On ira » m'évoque une envie de partir, de quitter son lieu de vie pour aller s'installer dans un autre endroit, ou une volonté de renouveau. Il annonce un déplacement ou une action (« On ira faire quelque chose ») qui se produira dans un avenir proche ou lointain, comme l'indique l'emploi du futur simple. Peut-être que la chanson décrit une situation difficile et la nécessité d'en sortir par le changement. Elle contient sans doute un message d'espoir destiné à ceux qui rencontrent des difficultés dans leur vie.

7. a) On voit dans ce clip des hommes et des femmes, enfants et adultes de différents âges et de toutes origines. Ces personnes doivent apparemment se prêter au même exercice : dessiner un personnage (un autoportrait ?) ou un instrument de musique. Ceux qui dessinent des instruments sont peut-être les musiciens de Zaz. Chacun réalise cet exercice selon ses capacités et ses idées. On observe que tous les participants sont très concentrés. À la fin du clip (à partir de 2'45"), Zaz se retrouve seule avec son dessin. Son personnage tient un arbre dans une main et un objet bleu qui ressemble à un micro dans l'autre. Il est entouré d'un soleil, mais celui-ci disparaît ensuite. Le personnage prend vie, saute sur un globe – la Terre ? – et y plante son arbre, qui prend racine.

b) Les mouvements de Zaz sont rapides tout comme les changements de plan. On peut donc supposer que le rythme de la chanson est rapide lui aussi. Mais à la fin du clip, lorsque la chanteuse se tient seule devant son dessin, le rythme semble ralentir. En ce qui concerne la mélodie, les couleurs vives et les sourires de certains participants laissent penser que cette dernière est joyeuse. Les thèmes abordés par la chanson peuvent être les suivants : le respect de l'autre et de sa différence, l'importance de la créativité ou encore le respect de la nature, symbolisée par l'arbre tenu par le personnage de Zaz et la planète Terre.

8. a) Sénégal • la chapelle Sixtine • le café

b) est belle notre chance • couleurs ; humain • différences • destins

c) l'univers • le désert • la mer • la terre

9. Dans le 1er couplet, la chanteuse propose de se rendre dans différentes villes ou régions situées sur les quatre continents, et d'y découvrir des lieux emblématiques ou des spécialités locales. Après ce voyage autour du monde, elle délivre dans le pont un message universel : la « chance » de l'humanité réside dans sa diversité et son métissage. En effet, dans le refrain, « vous » et « nous » sont différents mais surtout, ils se complètent et ne peuvent pas exister l'un sans l'autre. « Vous » désigne les êtres humains en tant qu'individus uniques et différents (âge, sexe, origine, classe sociale...). « Nous » se réfère à l'humanité, c'est-à-dire aux êtres humains considérés dans leur ensemble.

10. **Solution individuelle**

11. a) **Exemple de réponses :**

- Harlem est un quartier de l'arrondissement de Manhattan à New York. C'est un foyer de la culture afro-américaine aux États-Unis et l'un des hauts lieux du jazz. Cette ligne montre l'importance de la diversité culturelle, notamment dans le domaine de la création (musicale).
- Le verbe « brûler » peut évoquer au sens propre l'image négative de la destruction. Mais dans la chanson, l'emploi du mot est positif. Selon moi, la ville de Bombay, en Inde, « brûle » parce que son ciel est illuminé par un feu d'artifice *(sous un feu de Bengale)*. J'imagine les différentes couleurs dans le ciel de Bombay et la joie de ses habitants venus assister au spectacle.
- La ville de Rio de Janeiro, au Brésil, est connue pour son carnaval. L'expression « sentir Rio battre au cœur de Janeiro » fait donc référence aux tambours qui rythment la fête. Le carnaval de Rio évoque la joie de vivre et une explosion de couleurs.

b) **Exemple de réponses :**

- Il existe plusieurs fêtes dans le calendrier et la plupart sont religieuses. Les héros ont, eux aussi, droit à un jour de fête d'après cette ligne. Peut-être que la chanteuse désigne ici toutes les personnes qui, par leur action, aident l'autre et/ou contribuent à rendre la société meilleure.

- Rencontrer une personne, faire connaissance avec elle, c'est découvrir une origine, une expérience, parfois une culture différente de la sienne. C'est donc une manière de voyager sans se déplacer, d'apprendre sur l'autre et sur soi-même.
- En partageant une chose, on ne se prive pas d'une partie de cette chose. Au contraire, tout partage est un enrichissement puisqu'il nous permet de faire des rencontres et de créer des liens.

12. Solution individuelle

13. Exemple de réponse :

Le mot « différence » fait penser, dans un premier temps, à ce qui distingue deux êtres, voire ce qui les sépare. Cependant, dans la relation à l'autre, c'est justement l'altérité qui enrichit et permet l'union : deux personnes se complètent si elles sont différentes l'une de l'autre. Ensemble, en unissant leurs différences, ces deux personnes deviennent plus fortes, comme l'exprime le proverbe. Des différences individuelles naît aussi la diversité d'un groupe ou d'une société. Cette diversité, ce « mélange » des différences, est célébré tout au long de la chanson à travers les thèmes du voyage (1er couplet), de la rencontre et du partage (2e couplet). L'idée que la force réside dans l'union des êtres humains est évoquée, quant à elle, à travers les parallélismes du refrain (étoiles / univers ; grain de sable / désert ; pages / plume, etc.).

14. a) – b) Solutions individuelles

15. a) On éprouve de la joie **en allant** à la rencontre de personnes de différentes cultures.

b) **En aidant** ton prochain, tu seras heureux.

c) J'ai écouté cette chanson **en faisant** la cuisine.

16. Solution individuelle

17. Exemple de réponses :

- « Vivre seul mène à la solitude ; vivre avec les autres te comble de bonheur » : *On dira que les rencontres font les plus beaux voyages* (2e couplet)
- « Ne cherche pas ce qui te sépare des autres, mais ce que tu peux leur donner » : *On verra qu'on ne mérite que ce qui se partage ; Et l'on saura donner ce que l'on a de meilleur* (2e couplet)
- « L'union fait la force » : *Vous êtes les étoiles nous sommes l'univers / Vous êtes un grain de sable nous sommes le désert* (refrain)

18. Solution individuelle

Chanter l'avenir

Charles Aznavour : « La Terre meurt » (2007) | Page 74

1. a) « Les enfants de la guerre » : la Seconde Guerre mondiale (§ 2) • « Ils sont tombés » : le génocide des Arméniens en 1915 (§ 5)

b) « Les Émigrants » : la crise des réfugiés en Europe (§ 5) • « La Terre meurt » : la crise climatique (§ 6)

c) À travers ses chansons, Charles Aznavour s'est engagé pour les plus vulnérables : les victimes de guerres et de génocides (« Les enfants de la guerre », « Ils sont tombés »), les hommes, femmes et enfants qui ont dû quitter leur pays (« Les Émigrants »), ou encore les personnes discriminées ou jugées par la société (les homosexuels dans « Comme ils disent », une enseignante dans « Mourir d'aimer »).

2. Cette image montre un ours polaire et un phoque assis sur un iceberg. Ce dernier est très petit et peut à peine accueillir les deux animaux, qui semblent seuls, perdus au milieu de l'océan. Cette image, qui illustre la fonte des glaces, symbolise les conséquences dévastatrices du réchauffement climatique et les menaces qui pèsent sur l'environnement et les êtres vivants.

3. Exemple de réponses :

causes

- l'agriculture intensive (qui utilise des produits chimiques et des pesticides)
- la déforestation (les arbres absorbent du CO_2)
- les activités industrielles polluantes
- le recours aux combustibles fossiles (charbon, pétrole, gaz naturel)
- l'utilisation de transports polluants (avions, voitures, bateaux de croisière…)
- la surconsommation, le gaspillage alimentaire
- …

conséquences

- la fonte des glaces et la montée des eaux
- l'augmentation des catastrophes naturelles (sécheresses, tempêtes, inondations)
- le déplacement de populations (réfugiés climatiques)
- la destruction des biotopes
- la diminution de la biodiversité (espèces menacées d'extinction)
- la prolifération de maladies
- …

4. a) poubelle • **b)** détritus • **c)** déchets nucléaires **d)** pollution plastique • **e)** marées noires

5. **Exemple de réponse :** Je m'attends à un air doux symbolisant la fragilité de la Terre. Peut-être que le rythme sera régulier et très marqué, un peu comme le tic-tac d'une pendule nous rappelant l'urgence d'agir pour la planète. Quant à l'atmosphère de la chanson, j'imagine qu'elle sera plutôt triste.

6. **Exemple de réponse :** Les premières notes de la chanson semblent annoncer une menace. Puis un air latino débute avec le 1er couplet. Cette mélodie est légère et évoque une ambiance plutôt festive. Le rythme, répétitif, donne une impression de monotonie et fait penser à la routine du quotidien.

7. **a) – b) Exemple de réponses :**

1er couplet : *océans, poubelles, Tchernobyl, dans 50 ans, millions de détritus, déchets du nucléaire…* / La Terre est dans un état de pollution alarmant.

2e couplet : *terre promise, patrimoine de nos enfants, agonise, espèces, en voie de disparition, plastique, béton…* / Nous laissons une Terre polluée en héritage aux générations futures.

3e couplet : *finance, affaires, pétrole, guerre, la flore et la faune, couche d'ozone, environnement…* / La course à l'argent détruit la planète.

4e couplet : *le sol se révolte, il trafique les récoltes, futur, les forêts brûlent, rendement, progrès…* / L'agriculture intensive représente un grave danger pour la planète et le futur de l'humanité.

5e couplet : *l'homme ne respecte rien, baleines, dauphins, l'éléphant meurt, grandes marées noires, mazout…* / L'homme n'accorde pas de valeur à la vie des animaux et les tue pour son profit.

6e couplet : *société consommatrice, arbres pourrissent, sécheresse, races humaines, abandon, oubli…* / La vie sur Terre est menacée par notre société de consommation.

8. **a)** *La Terre **meurt** / L'homme s'en fout / Il vit **sa vie** :* L'homme continue de mener sa vie sans se préoccuper de l'état alarmant de la planète. Le chanteur lui reproche ici son indifférence.

*Il met à son gré, à **son goût** / Le monde sens **dessus dessous** :* L'homme agit avec égoïsme, selon ses envies. Ses actions ont pourtant des conséquences graves sur la planète. Elles provoquent le chaos en perturbant les équilibres écologiques.

*La Terre **meurt** / Où **allons-nous** ?* : Le chanteur répète le constat exprimé au début du refrain (l'état de la planète se dégrade et il est urgent d'agir). La réponse à sa question est évidente : nous courons à la catastrophe. En utilisant le pronom « nous », il s'adresse à chacun d'entre nous, à la société toute entière.

b) la personnification : *La Terre meurt* • la question rhétorique : *Où allons-nous ?* • la rime : *goût / dessous* • le pléonasme : *Il vit sa vie*

9. **Exemple de réponse :** Mes hypothèses se sont confirmées : la mélodie est douce et le rythme régulier. Selon moi, la musique souligne les paroles puisqu'elle exprime, par sa monotonie, l'indifférence de l'homme face au défi climatique. La dernière ligne de la chanson (Réveillons-nous !) est particulièrement mise en valeur. Elle est en effet chantée en chœur et Charles Aznavour tient la note plusieurs secondes sur le « nous », comme s'il appelait la société à se réveiller et à agir pour la planète.

10. **c)** les humains

Le comportement de l'homme est dénoncé tout au long de la chanson. Son indifférence est critiquée à plusieurs reprises (2e et 3e couplets, refrain). Il est aussi présenté comme un être qui trompe la nature (4e couplet) et ne la respecte pas (5e couplet). Le capitalisme est pointé du doigt dans le 3e couplet à travers la périphrase « la finance et les affaires », mais c'est avant tout l'homme et la « société consommatrice » (6e couplet) qui sont désignés comme les principaux responsables des problèmes environnementaux.

11. **a)** *L'homme **s'en fout** :* L'homme ne se préoccupe pas (de l'état de la planète) / est indifférent (au fait que la Terre meurt)

*Quand il **trafique** les récoltes :* Quand il modifie les récoltes / les manipule (pour augmenter les rendements)
*Il **se fiche de** l'existence :* Il est indifférent à / ne se soucie pas de l'existence (des baleines et des dauphins)

***Crèvent** d'abandon et d'oubli :* Meurent d'abandon et d'oubli

b) Les chanteurs emploient sans doute des mots ou expressions du langage familier pour s'adresser au plus grand nombre et montrer qu'ils sont proches de leur public.

12. **Exemple de réponse :**

Les politiques n'agissent pas suffisamment

Pour la planète, notre voix s'élève

Nos cœurs battent pour le firmament

Nous les futures générations, les élèves

Nous ne nous laisserons pas faire !

Chacun de nous s'exclame : « J'accuse ! »

À vous les politiques, notre message est clair :

Nous voulons maintenant de vraies mesures !

13. consommer moins d'électricité • trier ses déchets • privilégier les produits régionaux et de saison • se déplacer à vélo ou prendre les transports en commun • acheter des vêtements d'occasion • éviter de prendre l'avion • ne pas gaspiller la nourriture • manger moins de viande • sensibiliser ses amis, sa famille à un mode de vie écoresponsable • …

14. des montagnes de déchets (la pollution) • des gens qui marchent dans la rue, plongés dans leur quotidien (l'indifférence de l'homme) • des gratte-ciels (le béton des villes) • une femme souriante dans une publicité (la société de consommation) • le panneau d'un marché boursier (le monde de la finance) • des bombes lâchées sur le sol et qui explosent (la guerre) • de grandes étendues de champs (l'agriculture intensive) • une jeune fille (les générations futures) • la chasse à l'éléphant et à la baleine (l'exploitation de la nature) • un homme démuni dans la rue (la pauvreté, l'exclusion) • …

15. **Exemple de réponse :** Je pense que la musique (et l'art en général) permet d'« éveiller » les consciences. Les chansons engagées d'artistes célèbres, comme Charles Aznavour, ont toutes les chances d'atteindre un public large si leur mélodie est facile à retenir et leur texte pertinent. Le message d'une chanson peut avoir une portée importante : il peut inviter le public à réfléchir à son comportement voire à s'engager pour une cause.

Bigflo & Oli : « Plus tard » (2018) | Page 80

1. a) **Clichés associés à l'apparence :** Les rappeurs portent des vêtements stylés et sont souvent très musclés. Ils aiment arborer des accessoires tels que des chaînes, des bagues, des lunettes, des casquettes, et ont souvent des tatouages.

   Clichés associés au caractère : Les rappeurs sont provocateurs, agressifs et arrogants. Ils sont sûrs d'eux et semblent toujours en colère, tristes ou résignés. Ils écrivent des paroles vulgaires et sexistes.

   Note : *ces propositions de réponse sont des clichés qui ne correspondent pas toujours à la réalité. Les critiques de vos élèves sont les bienvenues !*

   b) Bigflo & Oli ne correspondent pas à l'image que l'on se fait en général des rappeurs. Ils portent des vêtements simples et colorés et leurs accessoires sont discrets. Ils ne sont pas particulièrement musclés, et encore moins intimidants : ils semblent sympathiques, mais aussi un peu naïfs et immatures.

2. a) Bigflo & Oli proposent un rap simple, sincère et authentique. Ils cherchent avant tout à faire passer leurs messages en écrivant des textes de qualité.

   b) Ils refusent de jouer le rôle de rappeurs « bad boys » et de mettre en avant des biens matériels comme les grosses voitures dans leurs chansons. Ils rejettent les gros mots, la vulgarité et l'agressivité.

3. a) **vrai.** *« (…) notre premier public, ça a été nos parents. Il fallait donc écrire des choses qu'ils comprenaient. »* (§ 3)

   b) **faux.** *Ce sont surtout des passionnés de musique à la formation solide.* (§ 4)

   c) **vrai.** *« Je déteste le rap, mais vous j'adore ! »* (§ 4)

4. b) Ils sont un peu fades et leurs textes sont trop simples et naïfs.

5. a) la guitare ; la batterie ; le piano

   b) La musique est douce et calme, on dirait une chanson pour enfants, une berceuse. Les notes jouées par la guitare peuvent faire penser à un air de flamenco. On ne pense pas directement à une chanson de rap.

6. a) A 2 • B 4 • C 1 • D 3

   b) *Mais depuis qu'est-ce qui a* ***changé*** *? Pas grand-chose / Je n'ai pas rangé les* ***questions*** *que je me pose*

   c) *Tu comprendras plus tard*

   d) A 4 • B 1 • C 2 • D 3

7. a) grattant • à la banquière • j'attends • vieillis

   b) Dans les 1e et 2e couplets, Bigflo & Oli évoquent les choses auxquelles ils croyaient quand ils étaient enfants. Dans le 3e, ils sont adultes et décrivent ce à quoi ils croient aujourd'hui.

8. Bigflo & Oli s'interrogent encore sur le monde dans lequel ils vivent : *Je n'ai pas rangé les questions que je me pose* (pré-refrain) / *Mais on est plus tard et je comprends pas* (refrain)

9.–13. **Solutions individuelles**

14. a) Dans le clip, les enfants prennent la place des adultes dans la société : les rôles sont inversés. On voit ainsi des enfants travailler comme chauffeurs de taxi, facteurs, policiers et éboueurs, d'autres se marier ou encore se disputer comme le ferait un couple d'adultes. À l'inverse, les adultes – dont Bigflo & Oli – vont à l'école, suivent des cours dans une salle de classe et se retrouvent dans la cour de récréation.

    b) **Solution individuelle**

    c) Bigflo & Oli veulent peut-être montrer que les enfants grandissent trop vite, que nous vivons dans une société dans laquelle ils sont rapidement confrontés au monde des adultes : au travail, à la famille, etc. Ils souhaitent probablement aussi montrer que les adultes ont beaucoup à apprendre de la jeunesse.

Édith Piaf et Théo Sarapo
« À quoi ça sert l'amour ? » (1962)

| PHOTO: Getty Images

1er couplet
À quoi ça sert l'amour ?
On raconte toujours
Des histoires *insensées*
À quoi ça sert d'aimer ?

L'amour *ne s'explique pas* !
C'est une chose comme ça !
Qui vient on ne sait d'où
Et vous *prend* tout à coup.

2e couplet
Moi, j'ai entendu dire
Que l'amour *fait souffrir*,
Que l'amour fait pleurer,
À quoi ça sert d'aimer ?

L'amour ça sert à quoi ?
À nous donner d'la *joie*
Avec des *larmes* aux yeux...
C'est triste et *merveilleux* !

3e couplet
Pourtant on dit souvent
L'amour c'est *décevant*,
Qu'il y en a un sur deux
Qui n'est jamais heureux...

Même quand on l'a perdu
L'amour qu'on a connu
Vous laisse un *goût de miel*
L'amour c'est *éternel* !

4e couplet
Tout ça c'est très joli,
Mais quand tout est fini
Il ne vous reste rien
Qu'un immense *chagrin*...

Tout ce qui maintenant
Te semble *déchirant*
Demain, sera pour toi
Un *souvenir* de joie !

5e couplet
En somme, si j'ai compris,
Sans amour dans la vie,
Sans ses joies, ses chagrins,
On a vécu pour rien ?

Mais oui ! Regarde-moi !
À chaque fois j'y *crois* !
Et j'y croirai toujours...
Ça sert à ça, l'amour !

Conclusion
Mais toi, t'es le dernier !
Mais toi, t'es le premier !
Avant toi, y'avait rien
Avec toi je *suis bien* !
C'est toi que je voulais !
C'est toi qu'il me fallait !
Toi que j'aimerai toujours...
Ça sert à ça, l'amour !

Écrit par : Michel Emer
Éditeur : Copyright Edition Beuscher Arpege / Sony / ATV Music Publishing (Germany) GmbH, Berlin

À QUOI ÇA sert l'amour ? gem.: Was ist der Sinn der Liebe? – **insensé** verrückt – **ne pas s'expliquer** nicht rational erklärbar sein, keiner Logik folgen – **prendre qn** jdn. unvorbereitet treffen – **faire souffrir qn** jdn. unglücklich machen – **joie** (f.) Freude – **larme** (f.) Träne – **merveilleux, -euse** wunderbar – **pourtant** aber – **décevant** enttäuschend – **goût** (m.) **de miel** gem.: süßer Nachgeschmack, süße Erinnerung, **miel** (m.) Honig – **éternel, -elle** ewig – **chagrin** (m.) Kummer, Betrübnis – **déchirant** schmerzlich, leidvoll – **souvenir** (m.) Erinnerung – **en somme** letzten Endes – **croire à qc** an etw. glauben – **être bien** s. gut fühlen, s. wohlfühlen

Pomme « Grandiose » (2019)

| Photo: Getty Images

1er couplet

Depuis que je n'ai pas le droit
Je veux un enfant dans le ventre
J'aurais sûrement dû *taire* parfois
L'*envie* si grande et *menaçante*
Depuis que mes amis me *mentent*
Qu'ils disent que je suis comme les autres
Je veux un enfant dans le ventre
Qu'on s'aime, qu'on ait une vie grandiose

Refrain

Grandiose, la vie que j'avais *inventée*
Pour toi, la vie qu'on nous vend *bien tracée*
Une vie comme ça n'existe pas
Ah-ah, ah-ah

2e couplet

Depuis la première *goutte de sang*
Les bouches qui *s'effleurent* dans la *cour*
J'ai dit : « Moi, je veux un enfant »
Avant de connaître l'amour
L'amour qui *déborde de* moi
Qui dit : « Tu n'es pas comme les autres »
Des filles *prendront ton cœur* à toi
Bats-toi, t'auras une vie grandiose

Refrain

Grandiose, la vie que j'avais inventée
Pour toi, la vie qu'on nous vend bien tracée
Une vie comme ça n'existe pas
Ah-ah, ah-ah

3e couplet

Depuis que je n'ai pas le droit
Je veux un enfant dans le ventre
J'aurais sûrement dû taire parfois
L'envie si grande et menaçante
Depuis *les cloches assourdissantes*
Le gris de *l'église de Fond Rose*
Je veux un enfant dans le ventre
Qu'on s'aime, qu'on ait une vie grandiose

Refrain

Grandiose, la vie que j'avais inventée
Pour toi, la vie qu'on nous vend bien tracée
Une vie comme ça n'existe pas
Ah-ah, ah-ah

Écrit par : Claire Pommet
Éditeur : Copyright Claire Pommet

TAIRE qc (littér.) etw. unterdrücken – **envie** (f.) Wunsch – **menaçant** bedrohlich, h.: beängstigend – **mentir à qn** jdn. anlügen – **inventer qc** s. etw. ausdenken, - ausmalen – **bien tracé** genau vorgezeichnet – **goutte** (f.) **de sang** Blutstropfen, h.: Periode – **s'effleurer** s. flüchtig berühren – **cour** (f.) Schulhof – **déborder de qn** aus jdm. herausbrechen – **prendre le cœur de qn** jds. Herz erobern – **se battre** kämpfen – **les cloches** (f. pl.) **assourdissantes** das Glockengeläut, **assourdissant** ohrenbetäubend – **l'église** (f.) **de Fond Rose** Kirche in der Gemeinde Caluire-et-Cuire bei Lyon, in der Pomme aufgewachsen ist

Georges Brassens
« La mauvaise réputation » (1952)

PHOTO: Getty Images

1er couplet

Au village, *sans prétention*,
J'ai mauvaise réputation ;
Qu'je *m'démène** ou qu'je *reste coi*,
Je pass' pour un je-ne-sais-quoi.
Je ne *fais pourtant de tort à* personne,
En *suivant mon ch'min de petit bonhomme* ;
Mais les *brav's gens* n'aiment pas que
L'on suive une autre route qu'eux…
Non, les brav's gens n'aiment pas que
L'on suive une autre route qu'eux…
Tout le monde *médit de* moi,
Sauf les *muets*, ça *va de soi.*

2e couplet

Le jour du *quatorze Juillet*,
Je reste dans mon lit *douillet* ;
La musique qui marche au pas,
Cela ne me regarde pas.
Je ne fais pourtant de tort à personne,
En n'écoutant pas le *clairon* qui sonne ;
Mais les brav's gens n'aiment pas que
L'on suive une autre route qu'eux…
Non, les brav's gens n'aiment pas que
L'on suive une autre route qu'eux…
Tout le monde *me montre au doigt,*
Sauf les *manchots*, ça va de soi.

*Qu'je m'démène = que je me démène.
Les apostrophes remplacent des « e » muets.

3e couplet

Quand j'*croise* un *voleur malchanceux*
Poursuivi par un *cul-terreux,*
J'lanc' la patte et, pourquoi le *taire,*
Le cul-terreux *se r'trouv' par terre.*
Je ne fais pourtant de tort à personne,
En laissant courir les voleurs de pommes ;
Mais les brav's gens n'aiment pas que
L'on suive une autre route qu'eux…
Non, les brav's gens n'aiment pas que
L'on suive une autre route qu'eux…
Tout le monde *se ru' sur* moi,
Sauf les *culs-d'-jatt'*, ça va de soi.

Couplet final

Pas besoin d'être *Jérémi'*
Pour *d'viner* l'*sort* qui m'*est promis* :
S'ils trouvent une *corde à leur goût,*
Ils me la *passeront au cou.*
Je ne fais pourtant de tort à personne,
En *suivant les ch'mins qui n'mènent pas à Rome* ;
Mais les brav's gens n'aiment pas que
L'on suive une autre route qu'eux…
Non, les brav's gens n'aiment pas que
L'on suive une autre route qu'eux…
Tout l'mond' viendra me voir *pendu,*
Sauf les *aveugl's, bien entendu.*

Écrit par : Georges Charles Brassens
Éditeur : Copyright Warner Chappell Music France SA
Neue Welt Musikverlag GmbH, Hamburg

MAUVAISE réputation (f.) schlechter Ruf – **sans prétention** h.: ohne Überheblichkeit, unprätentiös – **se démener** h.: s. aufregen – **rester coi, coite** still bleiben – **je passe pour un je-ne-sais-quoi** ich gelte als was weiß ich nicht alles – **faire du tort à qn** jdm. Schaden zufügen – **pourtant** doch – **suivre son chemin de petit bonhomme** (eigentl. **suivre son petit bonhomme de chemin)** unbeirrt s-n Weg gehen – **les braves gens** (m. pl.) die rechtschaffenen, biederen Leute – **médire de qn** über jdn. herziehen – **le/la muet/muette** d. Stumme – **aller de soi** s. von selbst verstehen
le quatorze Juillet frz. Nationalfeiertag (mit patriotischer Militärparade auf den Champs-Élysées) – **douillet, -ette** mollig weich, kuschelig – **la musique qui marche au pas** die Marschmusik, **marcher au pas** im Gleichschritt marschieren – **cela ne me regarde pas** das geht mich nichts an, h. gem.: das interessiert mich nicht – **clairon** (m.) Horn – **montrer qn au doigt** (eigentl. **montrer qn du doigt)** mit dem Finger auf jdn. zeigen – **le/la manchot/e** d. Einarmige, h.: d. Armlose
croiser qn jdm. begegnen – **voleur/-euse** (m./f.) Dieb/in – **malchanceux, -euse** glücklos – **poursuivre qn** jdn. verfolgen, jdm. auf den Fersen sein – **cul-terreux** (m.) (fam./péj.) Bauer, **cul** (m.) (fam.) Hintern – **lancer la patte** (fam.) gem.: jdm. ein Bein stellen – **taire qc** etw. verschweigen – **se retrouver par terre** unversehens am Boden liegen – **se ruer sur qn** s. auf jdn. stürzen – **le cul-de-jatte** d. Beinlose
Jérémie Jeremias (biblischer Prophet) – **deviner** h.: erahnen – **sort** (m.) Schicksal, Los – **être promis à qn** jdm. vorbehalten sein, jdn. erwarten – **corde** (f.) Strick – **au goût de qn** nach jds. Geschmack – **passer qc au cou de qn** jdm. etw. um den Hals legen – **suivre les chemins qui ne mènent pas à Rome** gem.: gegen den Strom schwimmen, in Anlehnung an **tous les chemins mènent à Rome** alle Wege führen nach Rom – **pendre** erhängen – **l'aveugle** (m./f.) d. Blinde – **bien entendu** natürlich

Gauvain Sers « Les Oubliés » (2018)

1er couplet

Devant le *portail* vert de son *école primaire*
On l'*reconnaît* tout d'suite
Toujours la même *dégaine* avec son *pull en laine*
On sait qu'il est *instit*
Il *pleure* la fermeture à la *rentrée* future
De ses deux dernières classes
Il paraît qu'le motif c'est le *manque d'effectifs*
Mais on sait bien *c'qui s'passe*

Refrain

On est les oubliés
La *campagne*, les *paumés*
Les trop loin de Paris
Le cadet d'leurs soucis

2e couplet

À vouloir *regrouper* les cantons d'à côté en 30 élèves par salle
Cette même philosophie qui transforme le pays en un centre commercial
Ça leur a pas suffi qu'on ait plus d'*épicerie*
Que les médecins *se fassent la malle*
Y a plus personne en ville, y a que les banques qui brillent dans la rue principale

Refrain

On est les oubliés
La campagne, les paumés
Les trop loin de Paris
Le cadet d'leurs soucis

3e couplet

Qu'il est triste le *patelin* avec tous ces *ronds-points*
Qui *font tourner les têtes*
Qu'il est triste le *préau* sans les *cris* des *marmots*
Les ballons dans les fenêtres
Même la p'tite boulangère se demande c'qu'elle va faire
De ses *bonbecs* qui *collent*
Même la voisine d'en face elle a peur, ça l'*angoisse*
Ce silence dans l'école

Refrain

On est les oubliés
La campagne, les paumés
Les trop loin de Paris
Le cadet d'leurs soucis

PHOTO: Getty Images

4e couplet

Quand dans *les* plus *hautes sphères*, *couloirs* du ministère
Les élèves sont des chiffres
Y a des gens *sur l'terrain*, de la *craie* plein les mains
Qu'on *prend pour* des *sous-fifres*
Ceux qui ferment les écoles, *les cravatés du col*
Sont bien souvent de ceux
Ceux qui n'verront jamais ni de loin ni de près
Un enfant dans les yeux

Refrain final

On est les oubliés
La campagne, les paumés
Les trop loin de Paris
Le cadet d'leurs soucis
On *est troisième couteau*
Dernière part du gâteau
La campagne, les paumés
On est les oubliés

Couplet final

Devant le portail vert de son école primaire
Y a l'instit du village
Toute sa vie, des *gamins*
Leur *construire un lendemain*
Il doit *tourner la page*
On est les oubliés

Écrit par : Gauvain Thibaut Sers
Éditeur : Copyright Bella Vista/
Universal Music Publishing GmbH, Berlin

PORTAIL (m.) h.: Schultor – **école** (f.) **primaire** Grundschule – **reconnaître** erkennen – **dégaine** (f.) (fam.) h.: Erscheinungsbild, Outfit – **pull** (m.) **en laine** Wollpulli – **instit** (fam.) = **instituteur/-trice** (m./f.) Grundschullehrer/in – **pleurer qc** etw. bedauern – **rentrée** (f.) Schuljahresbeginn – **manque** (m.) **d'effectifs** h.: zu geringe Schülerzahlen, - Klassenstärken – **ce qui se passe** was da gespielt wird – **campagne** (f.) Land – **paumé** (fam.) gottverlassen, h. gem.: abgehängt – **le cadet de leurs soucis** i-e geringste Sorge – **regrouper** zusammenlegen – **épicerie** (f.) Lebensmittelladen – **se faire la malle** (fam.) abhauen, h.: in die Städte abwandern – **patelin** (m.) (fam.) Ort, kleines Dorf – **rond-point** (m.) Kreisverkehr – **faire tourner les têtes** e-n ganz schwindelig machen – **préau** (m.) überdachter Pausenhof – **cris** (m. pl.) Geschrei – **marmots** (m. pl.) (fam.) Kinder – **bonbec** (m.) (fam.) Bonbon, Süßigkeit – **coller** klebrig sein – **angoisser qn** h.: jdn. beunruhigen – **les hautes sphères** (f. pl.) (fig.) die Chefetagen, - führenden Kreise – **couloir** (m.) Flur, Gang – **sur le terrain** vor Ort, aus der Praxis – **craie** (f.) Kreide – **prendre qn pour...** jdn. als ... betrachten – **sous-fifre** (m./f.) (fam.) kleine/r Angestellte/r – **les cravatés** (m. pl.) **du col** (péj.) gem.: die feinen Herren Politiker, **être cravaté** e-e Krawatte umhaben – **être troisième couteau** (fig.) (nur) dritte Garde sein – **être dernière part du gâteau** (eigentl. **obtenir la dernière part du gâteau**) (fig.) gem.: zu kurz kommen – **gamin/e** (m./f.) (fam.) Kind – **construire à qn un lendemain** gem.: jdm. e-e Zukunft ermöglichen – **tourner la page** (fig.) e-n Schlussstrich ziehen, der Vergangenheit nicht länger hinterhertrauern

Juliette Gréco
« Je suis comme je suis » (1951)

1er couplet
Je suis faite pour plaire
Et n'y puis rien changer
Mes lèvres sont trop rouges
Mes dents trop bien rangées
Mon teint beaucoup trop clair
Mes cheveux trop *foncés*
Et puis après ?
Qu'est-ce que ça peut vous faire ?
Je suis comme je suis
Je plais à qui je plais

Refrain
Je suis comme je suis
Je suis faite comme ça
Quand j'ai envie de rire
Oui, je *ris aux éclats*
J'aime celui qui m'aime
Est-ce ma *faute* à moi
Si ce n'est pas le même
Que j'aime chaque fois ?
Je suis comme je suis
Je suis faite comme ça
Que voulez-vous de plus ?
Que voulez-vous de moi ?

2e couplet
Qu'est-ce que ça peut vous faire
Ce qui m'est arrivé ?
Oui, j'ai aimé quelqu'un
Et quelqu'un m'a aimée
Comme les enfants qui s'aiment
Simplement savent aimer
Aimer, aimer
Pourquoi me *questionner* ?
Je suis là pour vous plaire
Et n'y puis rien changer

Refrain
Je suis comme je suis
Je suis faite comme ça
Quand j'ai envie de rire
Ouais, je ris aux éclats
J'aime celui qui m'aime
Est-ce ma faute à moi
Si ce n'est pas le même
Que j'aime chaque fois ?
Je suis comme je suis
Je suis faite comme ça
Que voulez-vous de plus ?
Que voulez-vous de moi ?

{ Photo : Picture Alliance

Écrit par : Jacques Prévert
Éditeur : Copyright Enoch and Cie/Edition Marbot GmbH bei PEER Musikverlag GmbH, Hamburg

ET N'Y PUIS rien changer und daran kann ich nichts ändern, **je puis** (vieilli) = je peux – **mes dents sont trop bien rangées** gem.: mein Gebiss ist makellos – **foncé** dunkel – **et puis après ?** na und? – **Qu'est-ce que ça peut vous faire ?** Was geht euch das schon an? – **rire aux éclats** schallend lachen – **faute** (f.) Schuld – **questionner qn** h. gem.: jdm. indiskrete -, unangenehme Fragen stellen

Angèle « Balance ton quoi » (2018)

PHOTO: Getty Images

1er couplet

Ils parlent tous comme des animaux
De toutes les *chattes* ça parle mal
2018, j'sais pas c'qui t'faut
Mais je suis plus qu'un animal
J'ai vu qu'le rap est à la mode
Et qu'il marche mieux quand il est *sale*
Bah faudrait p't'être *casser les codes*
Une fille qui *l'ouvre*, ça s'rait normal

Pré-refrain

Balance ton quoi
Même si tu parles mal des filles
Je sais qu'*au fond* t'as compris
Balance ton quoi
Un jour peut-être ça changera
Balance ton quoi

Refrain

Donc laisse-moi te chanter
D'*aller te faire en-mm…*
Ouais j'*passerai* pas *à la radio*
Parce que mes mots sont pas très beaux

2e couplet

Les gens me *disent à demi-mot* :
« Pour une fille belle, t'es pas si *bête*
Pour une fille drôle, t'es pas si *laide*
Tes parents et ton frère, ça aide »
Oh, tu parles de moi ?
C'est quoi ton problème ?
J'ai écrit rien qu'pour toi le plus beau des *poèmes*

Refrain

Laisse-moi te chanter
D'aller te faire en-mm…
Oui j's'rai *polie* pour la télé
Mais va te faire en-mm…
Balance ton quoi
Balance ton quoi

Pont

Balance ton quoi
Un jour peut-être ça changera
Y'a plus d'respect dans la rue
Tu sais très bien quand t'*abuses*
Balance ton quoi
Balance ton quoi

Refrain

Laisse-moi te chanter
D'aller te faire en-mm…
Ouais j'passerai pas à la radio
Parce que mes mots sont pas très beaux
Laisse-moi te chanter
D'aller te faire en-mm…
Oui j's'rai polie pour la télé
Mais va te faire en-mm…
Balance ton quoi
Balance ton quoi

Conclusion

Balance ton quoi
Même si tu parles mal des filles
Je sais qu'au fond t'as compris
Balance ton quoi
Un jour peut-être ça changera
Balance ton quoi

Écrit par : Angèle Van Laeken/Veence Hanao
Éditeur : Copyright Warner Chappell Music France/ Angèle VL/Neue Welt Musikverlag GmbH, Hamburg

---

BALANCE ton quoi in Anlehnung an die Bewegung **#BalanceTonPorc** (dt.: verpfeif dein Schwein), die frz. Version von #MeToo, die seit Okt. 2017 sexuelle Belästigung und Übergriffe anprangert – **chatte** (f.) h. (fam./ vulg.): Muschi – **sale** schmutzig, h. (fam.): obszön – **casser les codes** (fig.) alte Muster durchbrechen – **l'ouvrir** (fam.) den Mund aufmachen – **au fond** h.: eigentlich – **va te faire en-mm…** gem.: **va te faire enculer !** (vulg.) fick dich! – **passer à la radio** im Radio gespielt werden – **dire qc à demi-mot** etw. durch die Blume sagen – **bête** dumm – **laid** hässlich – **tes parents et ton frère, ça aide** gem.: Angèle verdanke ihren Erfolg einzig der Bekanntheit ihres Bruders, des Rappers Roméo Elvis, und ihrer Eltern, des Sängers Marka und der Schauspielerin Laurence Bibot – **poème** (m.) Gedicht – **poli** höflich – **abuser** (fam.) übertreiben, es zu weit treiben

Jacques Brel
« Le Plat Pays »
(1962)

| PHOTO: Getty Images

1er couplet
Avec la mer du Nord pour dernier *terrain vague*
Et des *vagues de dunes* pour *arrêter* les vagues
Et *de vagues rochers* que les *marées dépassent*
Et qui *ont à jamais le cœur à marée basse*
Avec infiniment de *brumes* à venir
Avec le vent de l'est écoutez-le *tenir*
Le plat pays qui est le mien

2e couplet
Avec des cathédrales pour uniques montagnes
Et de noirs *clochers* comme *mâts de cocagne*
Où des *diables en pierre décrochent* les nuages
Avec *le fil des jours* pour unique voyage
Et des *chemins de pluie* pour unique bonsoir
Avec le vent d'ouest écoutez-le vouloir
Le plat pays qui est le mien

3e couplet
Avec un ciel si bas qu'un canal s'est perdu
Avec un ciel si bas qu'il *fait l'humilité*
Avec un ciel si gris qu'un canal *s'est pendu*
Avec un ciel si gris qu'il faut lui pardonner
Avec le vent du nord qui *vient s'écarteler*
Avec le vent du nord écoutez-le *craquer*
Le plat pays qui est le mien

Couplet final
Avec de l'Italie qui *descendrait l'Escaut*
Avec *Frida la Blonde* quand elle devient *Margot*
Quand *les fils de novembre nous reviennent en mai*
Quand la *plaine* est *fumante* et *tremble* sous juillet
Quand le vent *est au rire* quand le vent *est au blé*
Quand le vent est au sud écoutez-le chanter
Le plat pays qui est le mien

Écrit par : Jacques Brel
Éditeur : Copyright Semi Societe/Soc Patricia/Marbot GmbH Edition/ Peermusic (Germany) GmbH, Hamburg

LE PLAT PAYS das Flachland, h.: Belgien – **terrain** (m.) **vague** Brachland – **vagues** (f. pl.) **de dunes** wellenförmige Dünen – **arrêter qc** e-r S. Einhalt gebieten – **de vagues rochers** (m. pl.) Felsen mit verschwommenen Konturen – **marée** (f.) h.: Flut – **dépasser** h.: über-, umspülen – **avoir le cœur à marée basse** etwa: trist wirken, **marée** (f.) **basse** Ebbe – **à jamais** auf ewig – **brumes** (f. pl.) Nebelschwaden – **tenir** gem.: Wind und Wetter trotzen – **clocher** (m.) Kirchturm – **mât** (m.) **de cocagne** Klettermast – **diables** (m. pl.) **en pierre** steinerne Teufel, gem.: Wasserspeier – **décrocher qc** etw. abhängen, h.: bis zu etw. ragen – **le fil des jours** die s. (monoton) aneinanderreihenden Tage – **chemin** (m.) **de pluie** regennasser Weg – **faire l'humilité** gem.: e-n demütig machen – **se pendre** (fig.) s. erhängen – **venir s'écarteler** gem.: unerbittlich hereinbrechen – **craquer** h.: (unter der Eiseskälte) ächzen – **descendre** hinunterfließen – **l'Escaut** die Schelde (Fluss in Frankreich, Belgien und den Niederlanden) – **Frida la Blonde** Sinnbild für die flämische Kultur – **Margot** Sinnbild für die wallonische Kultur – **les fils de novembre nous reviennent en mai** mögliche Interpretation: das im November ausgesäte Saatgut trägt im Mai Früchte – **plaine** (f.) Ebene, flaches Ackerland – **fumant** dampfend – **trembler** h.: flirren – **être au rire** gem.: blasen, pfeifen – **être au blé** gem.: durch die Getreidefelder wehen

Gaël Faye « Petit pays » (2017)

Refrain
Gahugu gatoyi
Gahugu kaniniya
Warapfunywe ntiwapfuye
Waragowe ntiwagoka
Gahugu gatoyi
Gahugu kaniniya

| PHOTO: Getty Images

1er couplet
Une feuille et un stylo *apaisent* mes *délires* d'*insomniaque*
Loin dans mon exil, petit pays d'*Afrique des Grands Lacs*
Remémorer ma vie *naguère* avant la guerre
Trimant pour me rappeler mes *sensations sans rapatriement*
Petit pays je t'envoie cette carte postale
Ma rose, mon *pétale*, mon cristal, ma *terre natale*
Ça fait longtemps les jardins de *bougainvilliers*
Souvenirs renfermés dans la *poussière* d'un *bouquin plié*
Sous le soleil, les toits de *tôle scintillent*
Les paysans *défrichent* la terre en mettant l'feu sur des *brindilles*
Voyez mon existence avait bien commencé
J'aimerais recommencer depuis l'début, mais tu sais comment c'est
Et nous voilà perdus dans les rues de *Saint-Denis*
Avant qu'on soit séniles on ira vivre à *Gisenyi*
On fera *trembler* le sol comme les *grondements* de nos volcans
Alors petit pays, loin de la guerre on *s'envole* quand ?

Refrain
Gahugu gatoyi
Gahugu kaniniya
Warapfunywe ntiwapfuye
Waragowe ntiwagoka
Gahugu gatoyi
Gahugu kaniniya

2e couplet
Petit bout d'Afrique *perché en altitude*
Je *doute de mes amours*, tu resteras ma certitude
Réputation *recouverte d'*un *linceul*
Petit pays, pendant trois mois, tout l'monde t'a laissé seul
J'avoue j'ai *plaidé coupable* de vous haïr
Quand tous les *projecteurs étaient tournés vers* le Zaïre
Il fallait reconstruire mon p'tit pays sur des *ossements*
Des *fosses communes* et puis nos *cauchemars incessants*
Petit pays : te faire sourire sera ma *rédemption*
Je t'offrirai ma vie, à commencer par cette chanson
L'écriture m'a *soigné* quand je *partais en vrille*
Seulement laisse-moi pleurer quand arrivera ce *maudit*
mois d'avril

APAISER lindern – **délire** (m.) Wahn(vorstellung) – **l'insomniaque** (m./f.) die an Schlaflosigkeit leidende Person – **l'Afrique** (f.) **des Grands Lacs** gem.: Burundi, Demokratische Republik Kongo, Uganda, Ruanda (Anliegerstaaten der Großen Afrikanischen Seen) – **naguère** einst – **trimer** (fam.) h.: s. mühen – **sensation** (f.) Sinneseindruck – **sans rapatriement** ohne Rückführung, gem.: ohne in s-e Heimat zurückzukehren – **pétale** (m.) Blütenblatt – **terre** (f.) **natale** Heimat – **bougainvillier** (m.) Bougainvillea, Drillingsblume (subtropische Pflanze mit violetten, rosa, weißen oder orangefarbenen Blüten) – **poussière** (f.) Staub – **bouquin** (m.) (fam.) Buch – **plié** h.: abgegriffen – **tôle** (f.) Blech – **scintiller** glitzern – **défricher** h.: Brandrodungen vornehmen – **brindilles** (f. pl.) Reisig – **Saint-Denis** Vorstadt nördlich von Paris, durch Zuwanderung geprägte Bevölkerungsstruktur – **Gisenyi** Stadt in Ruanda – **trembler** beben – **grondement** (m.) Grollen – **s'envoler** davonfliegen – **petit bout** (m.) h.: Flecken – **perché en altitude** hoch gelegen – **douter de** zweifeln an – **mes amours** (m. pl.) meine Lieben – **recouvrir de** h.: einhüllen in – **linceul** (m.) Leichentuch – **plaider coupable** h.: s. e-r S. schuldig machen – **projecteur** (m.) Scheinwerfer – **être tourné vers** gerichtet sein auf – **ossements** (m. pl.) Gebeine – **fosse** (f.) **commune** Massengrab – **cauchemar** (m.) Albtraum – **incessant** andauernd – **rédemption** (f.) Erlösung – **soigner qn** h.: jdm. Erleichterung verschaffen – **partir en vrille** (fam.) austicken – **maudit** verdammt

Tu m'as appris le pardon pour que je *fasse peau neuve*
Petit pays *dans l'ombre* le diable continue ses *manœuvres*
Tu veux vivre malgré les cauchemars qui te *hantent*
Je suis *semence* d'exil d'un *résidu* d'*étoile filante*

Refrain

Gahugu gatoyi
Gahugu kaniniya
Warapfunywe ntiwapfuye
Waragowe ntiwagoka
Gahugu gatoyi
Gahugu kaniniya

3e couplet

Un soir d'*amertume*, entre le suicide et le *meurtre*
J'ai *gribouillé* ces quelques phrases de la *pointe* neutre
de mon *feutre*
J'ai passé l'âge des pamphlets quand on *s'encanaille*
J'connais qu'l'amour et la crainte que celui-ci *s'en aille*
J'ai rêvé trop longtemps d'silence et d'*aurore boréale*
*À force d'*être trop *sage j'me suis pendu* avec mon *auréole*
J'ai gribouillé des textes pour m'expliquer mes peines
Bujumbura, t'es ma *luciole* dans mon *errance*
européenne
Je suis né y'a longtemps un mois d'août
Et depuis dans ma tête c'est tous les jours *la saison*
des doutes
Je *me navre* et je cherche un *havre de paix*
Quand l'Afrique se transforme en cadavre
Les époques ça meurt comme les amours
Man *j'ai plus de sommeil* et je *veille* comme un *zamu*
Laissez-moi vivre, *parole de misanthrope*
Citez m'en un seul de rêve qui soit *allé jusqu'au bout*
du sien propre

Refrain

Gahugu gatoyi
Gahugu kaniniya
Warapfunywe ntiwapfuye
Waragowe ntiwagoka
Gahugu gatoyi
Gahugu kaniniya

Conclusion

Petit pays
Quand tu pleures, je pleure
Quand tu ris, je ris
Quand tu meurs, je meurs
Quand tu vis, je vis
Petit pays, je *saigne* de tes *blessures*
Petit pays, je t'aime, ça j'en suis sûr

Refrain

Gahugu gatoyi
Gahugu kaniniya
Warapfunywe ntiwapfuye
Waragowe ntiwagoka
Gahugu gatoyi
Gahugu kaniniya

Gahugu gatoyi
Gahugu kaniniya
Warapfunywe ntiwapfuye
Waragowe ntiwagoka
Gahugu gatoyi
Gahugu kaniniya

Écrit par : Francis Muhire/Gaël Faye
Éditeur : Copyright 6D production SARL/
Universal Music Publishing GmbH, Berlin

faire peau neuve (fig.) ein neues Leben beginnen – **dans l'ombre** im Verborgenen – **manœuvres** (f. pl.) Machenschaften – **hanter** (fig.) quälen – **semence** (f.) (fig.) Kind, Frucht – **résidu** (m.) Überrest – **étoile** (f.) **filante** Sternschnuppe – **amertume** (f.) Bitterkeit – **meurtre** (m.) Mord – **gribouiller** hinkritzeln – **pointe** (f.) Spitze – **feutre** (m.) Filzstift – **avoir passé l'âge** über dieses Alter hinaus sein – **s'encanailler** gem.: schlechten Umgang haben – **s'en aller** h.: schwinden – **aurore** (f.) **boréale** Nordlicht – **à force de...** da ... – **sage** brav – **se pendre** (fig.) s. erhängen – **auréole** (f.) Heiligenschein – **Bujumbura** größte Stadt des ostafrikan. Staates Burundi, Geburtsstadt Gaël Fayes – **luciole** (f.) Glühwürmchen – **errance** (f.) Irrfahrt, Umherirren – **la saison des doutes** in Anlehnung an **saison des pluies** Regenzeit – **se navrer** gem.: zutiefst betrübt sein – **le havre de paix** der Zufluchtsort – **man** (anglic.) – **ne plus avoir de sommeil**, eigentl. **ne plus trouver le sommeil** keinen Schlaf mehr finden – **veiller** wachen – **zamu** (m.) (Afrique) Nachtwächter – **parole** (f.) **de misanthrope** das ist die Stimme e-s Misanthropen – **citez m'en un seul de rêve** nennt mir e-n einzigen Traum – **aller jusqu'au bout du sien propre** gem.: s. verwirklichen – **saigner** bluten – **blessure** (f.) Wunde

Barbara « Göttingen » (1964)

1er couplet
Bien sûr, ce n'est pas la Seine,
Ce n'est pas *le bois de Vincennes*,
Mais c'est bien joli *tout de même*,
À Göttingen, à Göttingen.

2e couplet
Pas de *quais* et pas de *rengaines*
Qui *se lamentent* et qui *se traînent*,
Mais l'amour y *fleurit* quand même,
À Göttingen, à Göttingen.

3e couplet
Ils savent mieux que nous, je pense,
L'histoire de nos rois de France,
Herman, Peter, Helga et Hans,
À Göttingen.

4e couplet
Et que personne ne *s'offense*,
Mais les *contes* de notre enfance,
« Il était une fois » commence
À Göttingen.

5e couplet
Bien sûr nous, nous avons la Seine
Et puis notre bois de Vincennes,
Mais Dieu que les roses sont belles
À Göttingen, à Göttingen.

6e couplet
Nous, nous avons nos matins *blêmes*
Et l'*âme grise* de *Verlaine*,
Eux c'est la mélancolie même,
À Göttingen, à Göttingen.

7e couplet
Quand ils ne savent rien nous dire,
Ils restent là à nous *sourire*
Mais nous les comprenons quand même,
Les enfants blonds de Göttingen.

8e couplet
Et *tant pis pour ceux qui s'étonnent*
Et que les autres me pardonnent,
Mais les enfants ce sont les mêmes,
À Paris ou à Göttingen.

9e couplet
Ô faites que jamais ne revienne
Le temps du sang et de la haine
Car il y a des gens que j'aime,
À Göttingen, à Göttingen.

Couplet final
Et *lorsque* sonnerait l'alarme,
S'il fallait *reprendre les armes*,
Mon cœur *verserait une larme*
Pour Göttingen, pour Göttingen.

Mais c'est bien joli tout de même,
À Göttingen, à Göttingen.

Et lorsque sonnerait l'alarme,
S'il fallait reprendre les armes,
Mon cœur verserait une larme
Pour Göttingen, pour Göttingen.

Écrit par : Barbara Brodi
Éditeur : Copyright Metropolitaines Editions/ Rolf Budde Musikverlag GmbH, Berlin

LE BOIS de Vincennes als Naherholungsgebiet beliebter Pariser Stadtwald – **tout de même** trotzdem, dennoch – **les quais** (m. pl.) h.: das Seineufer (als romantische Kulisse für Paare u. als Ausdruck des Pariser Lebensgefühls) – **rengaine** (f.) h.: Lied, Chanson (in dem die Liebe besungen wird) – **se lamenter** klagen, schwermütig sein – **se traîner** h.: getragen sein – **fleurir** erblühen – **s'offenser de qc** an etw. Anstoß nehmen – **conte** (m.) Märchen – **blême** fahl, grau – **âme** (f.) Seele – **gris** h.: traurig, melancholisch – **Paul Verlaine** (1844–1896, frz. Lyriker) – **sourire à qn** jdn. anlächeln – **tant pis pour ceux qui s'étonnent** gem.: manch einer mag es seltsam finden – **le temps du sang et de la haine** die Zeit des Blutvergießens und des Hasses (gem.: der Krieg) – **lorsque** wenn – **reprendre les armes** wieder zu den Waffen greifen – **verser une larme** weinen, **verser des larmes** Tränen vergießen

Zaz « On ira » (2013)

1er couplet
On ira écouter *Harlem* au coin de Manhattan
On ira *rougir* le thé dans les souks à *Amman*
On ira nager dans le *lit du fleuve Sénégal*
Et on verra brûler Bombay sous un *feu de Bengale*
On ira *gratter le ciel* en dessous de Kyoto
On ira sentir Rio *battre* au cœur de Janeiro
On *lèvera nos yeux* sur le plafond de la chapelle Sixtine
Et on *lèvera nos verres* dans *le café Pouchkine*

Pont
Oh qu'elle est belle notre chance
Aux mille couleurs de *l'être humain*
Mélangées de nos différences
À la croisée des destins

Refrain
Vous êtes les étoiles nous sommes l'univers
Vous êtes un *grain de sable* nous sommes le *désert*
Vous êtes mille pages et moi je suis la *plume*
Oh oh oh oh oh oh oh
Vous êtes l'horizon et nous sommes la mer
Vous êtes les *saisons* et nous sommes la terre
Vous êtes le *rivage* et moi je suis l'*écume*
Oh oh oh oh oh oh oh

| PHOTO: Getty Images

2e couplet
On dira que le poètes n'ont pas de *drapeau*
On fera des jours de fête autant qu'on a de *héros*
On saura que les enfants sont les *gardiens* de l'*âme*
Et qu'il y a des reines autant qu'il y a de femmes
On dira que les *rencontres* font les plus beaux voyages
On verra qu'on ne *mérite* que ce qui se *partage*
On entendra chanter des musiques *d'ailleurs*
Et l'on saura donner ce que l'on a de meilleur

Pont
Oh qu'elle est belle notre chance
Aux mille couleurs de l'être humain
Mélangées de nos différences
À la croisée des destins

Refrain
Vous êtes les étoiles nous sommes l'univers
Vous êtes un grain de sable nous sommes le désert
Vous êtes mille pages et moi je suis la plume
Oh oh oh oh oh oh oh
Vous êtes l'horizon et nous sommes la mer
Vous êtes les saisons et nous sommes la terre
Vous êtes le rivage et moi je suis l'écume
Oh oh oh oh oh oh oh

Vous êtes les étoiles nous sommes l'univers
Vous êtes un grain de sable nous sommes le désert
Vous êtes mille pages et moi je suis la plume
Oh oh oh oh oh oh oh
Vous êtes l'horizon et nous sommes la mer
Vous êtes les saisons et nous sommes la terre
Vous êtes le rivage et moi je suis l'écume
Oh oh oh oh oh oh oh

Écrit par : TRYSS/Ker-Eddine Soltani/Louise Sophie Becue/ Olivier Camille Jacques Volovitch
Éditeur : Copyright Because Edition/Soltana Music/ Rückbank Musikverlag, Hamburg
Warner Music France/SATV Group Germany GmbH

HARLEM Viertel im New Yorker Stadtbezirk Manhattan, e-s der Hauptzentren afroamerikanischer Kultur in den USA – **rougir** h.: ziehen lassen, bis s. die rotgoldene Farbe des Tees entfaltet – **Amman** Hauptstadt von Jordanien – **lit** (m.) **du fleuve** Flussbett – **le Sénégal** der Senegal (Fluss in Westafrika) – **feu** (m.) **de Bengale** bengalisches Feuer (zur effektvollen Beleuchtung von Monumenten eingesetzt, benannt nach Bengalen, e-r indischen Provinz) – **gratter le ciel** Wortspiel zu **gratte-ciel** (m.) Wolkenkratzer – **battre** h.: pulsieren – **lever les yeux** emporblicken – **lever son verre** sein Glas heben – **le café Pouchkine** 1999 in Moskau eröffnetes Café der gehobenen Klasse mit eigener Konditorei, das 1964 in Gilbert Bécauds Chanson „Nathalie" erwähnt wird – **l'être** (m.) **humain** der Mensch – **à la croisée des destins** wo s. unsere Wege schicksalhaft kreuzen, eigentl. **à la croisée des chemins** am Scheideweg – **grain** (m.) **de sable** Sandkorn – **désert** (m.) Wüste – **plume** (f.) h.: Schreibfeder – **saison** (f.) Jahreszeit – **rivage** (m.) Küste, Strand – **écume** (f.) Gischt – **drapeau** (m.) Flagge – **le héros** der Held **(l'héroïne)** – **gardien/-ienne** (m./f.) Hüter/in – **âme** (f.) Seele – **rencontre** (f.) Begegnung – **mériter** verdienen – **partager** teilen – **d'ailleurs** von anderswoher, h.: aus anderen Kulturen

Charles Aznavour « La Terre meurt » (2007)

1er couplet
Les océans sont des *poubelles*
Et les *fronts de mer* sont *souillés*
Des Tchernobyls en ribambelle
Voient naître des fœtus mort-nés
Dans cinquante ans, qu'allons-nous faire
De ces millions de *détritus* ?
Et ces *déchets du nucléaire*
Dont les pays ne veulent plus

2e couplet
Sous nos pieds, *la terre promise*
Patrimoine de nos enfants
Petit à petit, *agonise*
Nul ne s'en soucie
Et pourtant des *espèces* devenues rares
Sont en voie de disparition
Et la *laideur chante victoire*
Sous le plastique et le béton

Refrain
La Terre meurt
L'homme *s'en fout*
Il vit sa vie
Un point c'est tout
Il *met à son gré, à son goût*
Le monde *sens dessus dessous*
La Terre meurt
Où allons-nous ?

3e couplet
Dans *la finance et les affaires*
Le pétrole est le *maître mot*
Il *mène à* tout, même à la guerre
Et nul ne *s'inquiète de* l'eau
Où en sont la flore et la faune ?
Et *qu'advient-il du* firmament ?
Privé de la couche d'ozone
Gardien de l'environnement

4e couplet
Sous le ciel, le *sol se révolte*
Car l'homme *trompe* la nature
Quand il *trafique les récoltes*
Il *hypothèque son futur*
Sous le soleil, les forêts brûlent
Et l'on *gave* les champs *d'engrais*
Dans la boulimie majuscule
Du rendement et du progrès

Refrain
La Terre meurt
L'homme s'en fout
Il vit sa vie
Un point c'est tout
Il met à son gré, à son goût
Le monde sens dessus dessous
La Terre meurt
Où allons-nous ?

5e couplet
Il est temps de *prendre conscience*
Que l'homme ne respecte rien
Il *se fiche de* l'existence
Des *baleines* et des *dauphins*
L'éléphant meurt pour son *ivoire*
La *bête rare* pour sa *peau*
Et dans les grandes *marées noires*
Le *mazout englue les oiseaux*

6e couplet
La *société consommatrice*
Avance impunément ses pions
Tandis que les arbres *pourrissent*
Dans les villes et leurs *environs*
La *sécheresse se déchaîne*
Effaçant tout signe de vie
Et certaines *races humaines*
Crèvent d'abandon et d'*oubli*

PHOTO: Getty Images

Refrain
La Terre meurt
L'homme s'en fout
Il vit sa vie
Un point c'est tout
Il met à son gré, à son goût
Le monde sens dessus dessous
La Terre meurt
Où allons-nous ?

Conclusion
La Terre meurt
Réveillons-nous !

Écrit par : Charles Aznavour
Éditeur : Copyright Charles Aznavour

TERRE (f.) Erde – **mourir** sterben – **poubelle** (f.) h.: Müllkippe – **front** (m.) **de mer** h.: Strand, Küste – **souiller** verschmutzen, vermüllen – **des Tchernobyls en ribambelle** gem.: e-e Nuklearkatastrophe nach der anderen – **voir naître des fœtus mort-nés** Totgeburten hervorbringen – **détritus** (m. pl.) Abfälle – **déchets** (m. pl.) **du nucléaire** Atommüll, **le nucléaire** die Kernkraft – **la terre promise** (fig.) das gelobte Land – **patrimoine** (m.) Erbe – **agoniser** sterben – **nul ne s'en soucie** niemanden kümmert es, **se soucier de** s. kümmern um – **et pourtant** dabei – **espèce** (f.) Art – **être en voie de disparition** vom Aussterben bedroht sein – **laideur** (f.) Hässlichkeit, Verschandelung – **chanter victoire** triumphieren – **s'en foutre** (fam.) darauf pfeifen – **un point c'est tout** so ist das nun mal – **mettre qc sens dessus dessous** h.: etw. völlig aus dem Gleichgewicht bringen – **à son gré/à son goût** ganz wie es e-m beliebt – **la finance et les affaires** (f. pl.) die Finanzwelt – **maître mot** (m.) h.: Devise, Parole – **mener à** führen zu – **s'inquiéter de** s. scheren um – **Où en est/sont...?** Wie steht es um ...? – **Qu'advient-il de...?** Was wird aus ...? – **privé de qc** e-r S. beraubt, h.: ohne etw. – **gardien/-ienne** (m./f.) Hüter/in – **sol** (m.) Boden – **se révolter** aufbegehren – **tromper** betrügen, h.: Raubbau treiben an – **trafiquer les récoltes** die Ernten durch Gentechnik, Insektizide etc. optimieren – **hypothéquer le futur** gem.: die Zukunft durch e-n ressourcengefährdenden Lebensstil belasten – **gaver qc d'engrais** etw. überdüngen – **dans la boulimie majuscule du rendement** in der unersättlichen Gier nach Ertragssteigerung, **majuscule** (fig./littér.) groß – **prendre conscience que** realisieren, dass – **qn se fiche de qc** (fam.) etw. ist jdm. schnurzegal – **baleine** (f.) Wal – **dauphin** (m.) Delfin – **ivoire** (m.) Elfenbein – **bête** (f.) **rare** seltene Spezies – **peau** (f.) h.: Pelz, Leder – **marée** (f.) **noire** Ölpest – **mazout** (m.) Öl – **engluer les oiseaux** das Gefieder von Wasservögeln verkleben – **société** (f.) **consommatrice** Konsumgesellschaft – **avancer ses pions** h. gem.: den Profit zur Richtschnur s-s Handelns machen, **pion** (m.) Spielfigur, -stein – **impunément** ungestraft – **pourrir** h.: eingehen – **les environs** (m. pl.) die Umgebung, das Umland – **sécheresse** (f.) Trockenheit, Dürre – **se déchaîner** wüten – **effacer** auslöschen – **race** (f.) **humaine** h.: Volk, Ethnie – **crever de qc** h. (pop.): krepieren infolge von – **abandon** (m.) h.: Verlassenheit – **oubli** (m.) h.: Vergessenheit – **se réveiller** aufwachen

Bigflo & Oli « Plus tard » (2018)

Introduction (Bigflo)
Bigflo & Oli
Tu connais non ?

1er couplet (Bigflo)
Quand j'étais petit je pensais qu'en *louchant* trop je pouvais me bloquer les yeux
Que les *cils* sur mes *joues avaient le pouvoir d'exaucer les vœux*
Quand j'étais petit je pensais que les adultes *disaient* toujours *vrai*
Et la nuit dans la voiture je pensais que la lune me *suivait*

Pré-refrain
Mais depuis qu'est-ce qui a changé ? *Pas grand-chose*
Je *n'ai pas rangé les questions que je me pose*
Qu'est-ce qui a changé ? Pas grand-chose
Je n'ai pas rangé les questions que je me pose

Refrain
On m'disait tu comprendras plus tard
Tu comprendras plus tard
Tu comprendras plus tard
Mais on est plus tard et je comprends pas
Tu comprendras plus tard
Tu comprendras plus tard
Tu comprendras plus tard
Mais on est plus tard et je comprends pas

| Photos: *Getty Images*

2e couplet (Oli)
Quand j'étais petit j'entendais un monstre qui vivait sous ma maison
Je pensais mourir dans la *lave* si je marchais pas sur le *passage piétons*
Qu'à l'époque des photos en noir et blanc les gens vivaient sans couleur
J'étais sûr qu'un *bisou* de ma mère pouvait *soigner la douleur*

Pré-refrain
Mais depuis qu'est-ce qui a changé ? Pas grand-chose
Je n'ai pas rangé les questions que je me pose
Qu'est-ce qui a changé ? Pas grand-chose
Je n'ai pas rangé les questions que je me pose

Suite page 114

LOUCHER schielen, die Augen verdrehen – **cil** (m.) Wimper – **joue** (f.) Wange – **avoir le pouvoir de faire qc** etw. tun können – **exaucer les vœux** Wünsche in Erfüllung gehen lassen – **dire vrai** die Wahrheit sagen – **suivre qn** jdm. folgen – **pas grand-chose** nicht viel – **ne pas avoir rangé les questions qu'on se pose** gem.: noch immer keine Antwort auf s-e Fragen haben, **ranger** h.: zu den Akten legen – **lave** (f.) Lava – **passage** (m.) **piétons** Zebrastreifen, Fußgängerüberweg – **bisou** (m.) (fam.) Kuss – **soigner la douleur** den Schmerz -, die Schmerzen lindern

Refrain
On m'disait tu comprendras plus tard
Tu comprendras plus tard
Tu comprendras plus tard
Mais on est plus tard et je comprends pas
Tu comprendras plus tard
Tu comprendras plus tard
Tu comprendras plus tard
Mais on est plus tard et je comprends pas

| Photos: Getty Images

3e couplet (Bigflo & Oli)
Aujourd'hui en *grattant un ticket* je me vois millionnaire
Je me dis tout ira mieux si je *souris à* la banquière
Aujourd'hui je me dis que si j'attends quelqu'un *fera ma vaisselle*
Et que *même si* je *vieillis* mes parents sont *immortels*

Pré-refrain
Qu'est-ce qui a changé ? Pas grand-chose
Je n'ai pas rangé les questions que je me pose
Qu'est-ce qui a changé ? Pas grand-chose
Je n'ai pas rangé les questions que je me pose

Refrain
On m'disait tu comprendras plus tard
Tu comprendras plus tard
Tu comprendras plus tard
Mais on est plus tard et je comprends pas
Tu comprendras plus tard
Tu comprendras plus tard
Tu comprendras plus tard
Mais on est plus tard et je comprends pas

Conclusion
Plus tard, plus tard, plus tard, plus tard, plus tard, plus tard
Plus tard, plus tard, plus tard, plus tard, plus tard, plus tard
Plus tard, plus tard, plus tard, plus tard

Écrit par : Florian José Ordonez/Olivio Laurentino Ordonez/Clément Augustin Libes
Éditeur : Copyright Golden Child/BMG Rights Management GmbH, Berlin
Warner Chappell France/La Main Invisible Publishing/Neue Welt Musikverlag GmbH, Hamburg
La Taniere SEC Les Editions

---

gratter un ticket ein Rubbellos freirubbeln – **sourire à qn** jdn. anlächeln – **faire la vaisselle** das Geschirr spülen – **même si** selbst wenn – **vieillir** in die Jahre kommen, alt werden – **immortel, -elle** unsterblich

Les types de chansons
Liedarten

Il s'agit d'... Es handelt sich um ...

... une chanson d'amour/sentimentale. ... ein Liebeslied.
... une chanson populaire. ... ein Volkslied, ein Chanson.
... une chanson à texte. ... ein literarisch anspruchvolles Chanson.
... une chanson engagée. ... ein politisches Lied.
... une chanson de rap/pop/rock. ... e-n Rap-/Pop-/Rocksong.

Écrire et composer une chanson
Ein Lied schreiben und komponieren

l'auteur-compositeur-interprète (m.) der Liedermacher
l'auteur/e (m./f.) d. Verfasser/in, auch: **l'autrice** (f.)
le/la compositeur/-trice d. Komponist/in

les paroles (f. pl.) der Text
le couplet die Strophe
le refrain der Refrain
la ligne/le vers die Zeile/der Vers
la rime der Reim

le rythme der Rhythmus
la mélodie/l'air (m.) die Melodie
la voix die Stimme
la sonorité der Klang
l'accompagnement (m.) **musical** die musikalische Begleitung
la partition die Partitur, die Noten
les instruments (m. pl.) die Instrumente
le piano das Klavier
la guitare die Gitarre
la basse der Bass
la batterie das Schlagzeug
le violon die Geige

Interpréter une chanson
Ein Lied interpretieren

l'interprète (m./f.) d. Interpret/in
le/la chanteur/-euse d. Sänger/in
le groupe (de musique) die Band
les musiciens (m. pl.) die Musiker
la scène die Bühne
le nom de scène der Künstlername
le tube (fam.) der Hit
reprendre une chanson ein Lied (neu) interpretieren, e-n Song covern
enregistrer aufnehmen
sortir un album ein Album herausbringen
la maison de disques die Plattenfirma, das Label

L'atmosphère de la chanson
Die Stimmung des Liedes

Le rythme est… Der Rhythmus ist …

… lent ≠ rapide. … langsam ≠ schnell.

… dynamique ≠ monotone. … dynamisch ≠ monoton.

La musique… Die Musik …

… est mélodieuse/harmonieuse. … ist melodisch/harmonisch.

… est entraînante. … ist beschwingt.

… donne envie de danser. … animiert zum Tanzen.

… est douce. … ist ruhig, sanft.

La chanson est… Das Lied ist …

… joyeuse, gaie. … fröhlich.

… triste/sombre/mélancolique. … traurig/düster/melancholisch.

… poétique. … poetisch.

… légère. … leicht, unterhaltsam.

Le message de la chanson
Die Botschaft des Liedes

Le/la chanteur/-euse veut… D. Sänger/in will …

… divertir son public. … sein/ihr Publikum unterhalten.

… faire rire son public. … sein/ihr Publikum zum Lachen bringen.

… faire réfléchir son public au sujet de…
… sein/ihr Publikum zum Nachdenken über … anregen.

… provoquer/choquer. … provozieren/schockieren.

La mélodie s'accorde bien avec… ≠ contraste avec…
Die Melodie steht im Einklang mit … ≠ stellt einen Kontrast zu … dar

Le rythme met en valeur… / souligne…
Der Rhythmus bringt … zur Geltung/unterstreicht …